사후세계의 비밀

지 자 경 • 편 저

제2권

머 리 말

현세와 내세, 인간계와 영계가 표리일체의 관계로서 엄연히 존재하는 일은 나 한사람이 역설할 것도 없는 마음 있는 자 모두의 공통인식일 것이다.

현대인은 과학 만능의 포로가 되고 과학적 실증주의에 의해 증명되지 않는 것은 진실, 사실이라고 인정하지 않는 나쁜 버릇이 몸에 배고 말았다.

그 때문에 얼마만큼의 진실이 간과(看過)되고 혹은 허구로써 물리쳐져 왔는지를 생각하면 한기(寒氣)를 느낄 정도이다.

만일 인류가 그런 잘못을 깨닫지 못한다면 아마도 파멸에의 길을 향해 곧바로 달려가지 않았을까? 그러나 다행히도 마음 있는 자들이 과학적 실증주의에 대해 심한 의문을 품기 시작했다.

세계에는 인간이 모르는 진실이 산더미처럼 있다. 영계의 존재, 내세의 존재는 바로 실증할 수 없는 진실인 것이다. 다만 그 존재를 믿는 것이 가장 합리적이다. 혹은 믿지 않으면 앞뒤가 맞지 않는다는 현상이 몇 개인가 있다.

이상의 일을 대전제로 하여 나는 이 책을 단숨에 썼다. 그리하여 인간이 현세와 내세를 왕복하는 '윤회전생'을 토대로 하고

서, 인간이 어떻게 살아야 할 것인가를 말했다.

'죽으면 모든 게 무(無)로 돌아간다'는 생각을 가진 사람은 이 기회에 그런 생각을 버려 주기 바란다.

'죽으면 내세(來世)가 기다리고 있으며, 내세를 살게 됨으로써 새로운 삶을 누린다'고 생각함으로써 당신의 인생이 달라질 것이다.

따라서 현세에서의 생활 방식이 내세에서의 인생, 그리하여 전생 후의 인생에도 극심한 영향을 주는 것이다. 이 세상에서 열심히 사는 일이 당신의 장래를 만들어 가는 것이다.

바꿔 말하면 이 세상은 저 세상에서 살기 위한 수도의 장(場)인 것이다. 그리하여 죽음은 수행을 끝마친 것을 증명하는 '졸업증서'인 것이다.

이 책은 그것이 틀림없는 사실임을 입증하고 있다. 생명이 있을 때 마음껏 삶을 맛보고, 죽음일 때는 전생 후의 삶을 믿어 주기 바란다. 그것이 나의 바램이다.

이 책은 일본의 유명한 심령연구가인 단바 데Wm로우의 《사후세계》를 참조로 한 편저이다.

편저자

차 례

제1부 살아있는 자의 법

제2부 새로운 인생에의 출발

제3부 영계에의 패스포오드

차 례

차 례

제8부 당신이 가는 사후세계

제9부 영계에서 즐겁게 사는 법

제 1부

살아있는 자의 법

윤회전생은 우주의 절대 법칙

윤회(輪廻)라는 말이 있다. 불교 용어로 자주 사용되고 있지만, 이 말은 불교만의 사상은 아니다.

기원전 5~6세기의 그리이스 철학에서 이미 윤회사상을 주장하고 있다.

플라톤이나 피타골라스 등에 의하면, '영혼은 불멸이고 인간뿐 아니라 동물이나 식물로서 바꾸어 태어나고 전세로부터 현세, 그리하여 내세에로 유전(流轉)한다'고 했다.

더 거슬러 올라가서 1~2세기 전에 인도의 우파니싸드 철학에선 온갖 윤회설이 설명되고 있다.

어느 설이든 전세의 선악 행위에 의해 다음의 세대는 천국 또는 지옥 등의 세계에 태어나고 업〔행위〕과 보〔결과〕와의 인과 관계가 계속되는 한 윤회 또한 되풀이 된다고 되어 있다. 만일 이런 인과응보의 사슬을 끊을 수가 있다면 윤회로부터 열반(涅槃)의 세계에 도달할 수 있다.

이런 사상은 불교 뿐만 아니라 갖가지의 종교에 채택되고 있지만, 그것에 머무르지 않고 이 지구, 대우주를 지배하는 진리인 것이다.

그래서 이 책에선 대우주의 속에 살고 그리하여 죽어가는 우리들의 윤회에 대해 연구를 해보고 싶은 것이다.

인간은 육체라는 물질을 바탕으로 하는 생물이다. 그러나 인간 그 자체를 물질로써 정의하는 것은 불가능하다.

왜냐하면 사람은 생각하며 고뇌를 하고 혹은 상상한다는 마음을 갖고 있기 때문이다. 이 마음은 넓이로서 비유한다면 전우주에 해당되고, 역사의 길이로 말하면 우주의 생성(生成)부터 장차 우주의 멸망까지의 유구한 시간을 커버할 수가 있다.

말하자면 우주의 개념을 낳은 것은 다름아닌 인간의 마음이기 때문이다.

우리들은 끝없는 우주라고 표현하지만, 그것과는 반대로 사람들은 우주의 끝마저도 이미지할 수가 있는 것이다.

이런 육체와 마음=영혼이 합쳐져 인간이라는 존재가 태어나는 것인데, 그렇다면 죽음을 맞았을 때는 대체 어떠한 상태가 되는 것일까?

육체는 당연히 그 생명 활동을 정지한다. 호흡과 맥박이 멎고 뇌파가 사라지며 각종의 반응이 소실된 육체는 이를테면 고기덩어리가 되어 화장이 된다.

한국이나 일본에선 화장 기술이 발달되어 새로운 화장터에서는 굴뚝이 사라지고 말았지만, 어쨌든 육체는 고열에 의해 불태워지고 질소·칼슘·인 등의 원소로 되돌아 간다.

매장의 경우 유해는 자연계의 법칙을 좇아 미생물에 의해 분해되고 생물의 연쇄고리가 된다.

즉 죽은 뒤에는 흙으로 돌아가고 그런 흙의 영양분이 식물이나 미세동물에 흡수되고 다시 인간의 체내로 돌아오는 것이다. 그러나 현재의 문명국에선 그와같은 육체의 환원은 거의 없다고 하겠다.

한편 영혼은 유체이탈하여 영계로 간다. 육체는 죽어도 영혼은 죽는 일 없이 독자의 존재로써 이 우주공간 속에서 살아 있는 것이다.

그렇다면 윤회란 어떻게 행해지는가?

자세한 설명은 차차 하기로 하고 우주 공간으로 길 떠난 영혼의 대부분은 영계의 현관인 정령계(精靈界)로 향하고, 다시 영계로 들어간다.

영계에서 머무르는 날수는 각각의 영에 따라 다르지만, 언젠가 영은 영계의 지도자에게 불려가서 현세로 돌아갈 것을 명을 받는다.

영(靈)이 현세로 돌아간다는 것은 곧 새로운 육체와 합체(合體)하는 것이다.

영은 이제 막 탄생하려 하는 태아의 육체에 깃들고 새로운 삶을 육체와 함께 보내는 것이다.

사람은 언제, 어떻게 환생하는가?

영계 지도자의 지시는 어떠한 판단으로 내려지는 것일까? 그 영이 그 옛날 이승에서, 즉 현세에 있었을 때 무엇을 했는지 중요한 판단의 자료가 되는 것이다.

무엇을 했는가, 그러니까 업(業)은 옛날부터 인도의 사람들이 우주의 지도적 이념으로써 가져 온 '카르마의 법칙'에 근거한다.

'카르마'란 인간의 재생을 지배해 온 원인과 결과의 법칙이다. 현세에서 행한 행위의 결과에 의해, 사람은 자기의 의지와는 무관계로 재생하고 그리고 또 전생한다. 그 행위가 올바른 것이라면 새로운 전생은 전세보다도 높은 위치로부터 시작되는 것이다.

높은 위치란 어떤 것인가? 물론 사회적 신분이나 빈부의 정도를 가리키는 것은 아니다. 보다 고결한 인간이 될 수 있는 환경 속에 태어나는 것이다.

만일 전생에서의 행동이 매우 좋지 않았다고 한다면, 전생했을 때의 상황은 극히 열악한 것이 된다. 그러나 재빨리 괴로움에서 도망치고 영계로 나아갈 수 있다면, 오히려 행운이 아닌가 하고 생각하는 사람도 있겠다.

그러나 이것은 잘못이다. 이 세상에서 인간으로써 산 기간이 짧은 자, 고통이든 안락이든 체험이 적은 자는 현세에서의 수행이 모자란다고 인정되어 영계에 머무를 사이도 없이 이 세상에 다시 보내지고 마는 것이다.

다만 이는 결코 벌이라는 것은 아니다. 다시 보내진 이 세상에서 충분히 학습하라 하는, 이를테면 유학 같은 것이라고 생각하면 된다.

한편 전세에서의 행위가 뛰어나게 좋았던 영은 전생할 때에도 그런대로의 대우를 받게 된다.

태어나는 시대와 장소, 환경, 나아가선 현세에 있어서의 능력 등 모든 면에서 십전(十全)으로 혜택받은 상황 속에서 새로운 인생을 걷게 되는 것이다.

그리하여 만일, 그와 같은 주어진 상황을 최대한 활용하면 영계에서의 평가도 높아지는 것이다. 즉 영계에 돌아가면 영계에서의 시험—자격시험 같은 것인데—을 거쳐 상중하의 3계층으로 나눠진 집단의, 적어도 두번째에 편입되고 어쨌든 어느 때인가 최상층의 집단으로부터 영계를 벗어나 천계의 일원으로 승급하게 되는 것이다.

여기서 재생, 전생의 메카니즘을 설명해 두겠다.

어머니의 태내에 새로운 생명이 탄생하고서 10달 남짓 뒤에 이 세상에 태어난다 하는 것이 인간일 경우의 보통 모습인데, 때에 따라서는 조산하는 경우도 있다.

현대의 의학으로는 체중 500~600그램의 미숙아라도 훌륭히 키울 수 있다.

그런데 이 새로운 생명이 영혼과 합치는 것은 대체 어느 시기인가? 영 연구자들 사이에서도 의견이 갈라져 있다. 어떤 자는 정자와 난자가 합쳐진 순간, 그러니까 임신과 동시에 육체와 영혼의 합일(合一)이 이루어진다고 하고, 어떤 연구자는 이 세상의 공기에 접촉하는, 즉 출산의 순간에 영이 불어 넣어진다고 말하고 있다.

과연 어느 쪽이 진실인지 현단계로선 판단하기 어렵지만, 어쨌든 이 세상에 탄생한 단계에선 육체와 합일을 달성하고 있음은 확실하다.

따라서 임신의 순간부터 출산까지의 기간동안 어딘가에서 영이 육체에 깃든다고 생각하면 된다.

카르마법칙과 밸런스법칙

전세에서의 행동이 현세에 있어서의 인간 존재를 정하는 게 '인과응보', '카르마법칙'이라고 말한다.

이것은 거꾸로 현세의 모습으로 전세의 모습을 점칠 수가 있다는 것이기도 하다.

일찍이 이런 노래 가사가 있다

—태어난 때가 나쁜가, 아니면 내가 나쁜가—

지금, 자기 자신이 놓여진 처지에 불만을 품고 있는 사람은 많다고 생각된다.

왜 이런 나라에, 이런 시대에, 이런 집에 태어나고 말았을까? 어째서 남보다 열악한 환경 속에 던져져 있는 것일까?

이러한 불만은 다음과 같은 생각이 바닥에 흐르고 있다고 생각된다.

첫째, 태어나는 일에 있어 나는 일체 관여하고 있지 않다. 부모가 멋대로 태어나게 한 것이니까 나의 불행은 부모의 책임이 아닌가.

자녀에게로부터 이런 말로써 공박받아 어떻게 대답해야 좋을지 크게 곤혹하는 부모도 있을 것으로 생각된다.

그러나 자녀의 말은 둘째로 부모가 그런 말에 정확히 대응할 수 없다고 하면, 그것은 분명히 부모 쪽에 문제가 있다는 것이다.

말하자면 마음 어딘가에 자기들의 쾌락의 결과라고 하는 죄책감이 있기 때문이다.

자식이 태어난다고 하는 과정을 현상적으로 거슬러 올라가면 그런 생각에 빠지게 될지도 모르지만, 영적 존재를 포함해서 생각하면 부모가 죄책감을 느낄 이유는 조금도 없는 것이다.

자식이 태어나고 태어나지 않음은 부모의 의지가 아니고 영계의 의지, 좀 더 크게 말하면 대우주를 지배하는 절대적 존재의 의지에 의한 것이다.

이런 의지를 법칙의 형태로 파악한 것이 '카르마법칙'인데, 거기서 한발 더 들어가 생각해 보자.

오늘날 우주 물리학은 놀랄만한 진보를 거듭하고 우주의 생성역사까지도 해명하고 있지만, 우주 물리의 연구자들은 그 연구를 통해 새삼 절대적인 '의지' 혹은 '마음'이란 것을 느끼고 있다.

이 우주에 있어서의 온갖 현상은 밸런스의 법칙에 근거한다.

예를 들어 플러스의 현상이 있으면 이에 대한 마이너스의 현상이 반드시 일어나고 밸런스가 유지되는 것이다.

초보의 물리학에선 질량불변(質量不變)의 법칙을 가르친다.

예를 들어 물질을 불태우면 발열현상을 일으키지만, 불탄 것은 이 세상에서 소실되는 것은 아니다. 탄소 혹은 물로 분해되었을 뿐으로서, 그런 분자(分子)를 합계하면 질량은 불타기 전과 변함이 없다는 것이다.

그런데 약간의 고도의 물리학에선 핵분열 반응이 존재함을 가르친다. 이것은 어떤 물질이 분열, 소멸되고, 열·빛 혹은 폭발 에네르기에로 전환하는 현상이다. 그것을 응용한 것이 원자폭탄이나 원자력 발전인 셈이다.

그런데 그런 한편으로선 핵융합반응이란 것도 있다. 초고온 속에서 핵을 융합시킴으로써 에네르기가 생긴다. 이 또한 물질이 소실되어 열, 빛 혹은 폭발력과 같은 에네르기에로 전환하는 것이다.

여기서는 이미 질량불변의 법칙은 성립되지 않는 것처럼 보인다. 그렇지만 우주 총체로 생각하면 질량과 에네르기를 합계한 것은 변하지 않는 것이다.

'블랙홀'이라는 말이 있다. 뒤에서도 잠깐 말하겠지만, 이것은 온갖 것을 흡수해 버리는 중력장 (重力場)이라고 생각된다.

그곳에선 빛도 흡수되기 때문에 우리들의 눈으로선 확인할 수가 없다.

이런 블랙홀에 빨려 들어가면 지름 440만 km나 되는 태양도 모래알과 같이 압축된다고 한다. 그럼 여기서 압축된 것은 어떻게 되는가. 인간으로 말하면 배가 불러오는 업, 무엇이고 모두 삼켜 버리면 언젠가 가득해질 게 아닌가.

확실히 그렇다. 그러므로 '화이트 홀'이란 것의 존재가 추측되는 것이다. 이는 블랙홀의 반대 존재, 블랙홀의 출구하고 생각된다.

한번 압축된 것이 팽창되어 뛰어나온다는 것이다.

이와 같이 이를테면 대우주의 호흡 작용에 상념을 달릴 때, 현세를 떠나는 자는 내세에 있고, 전세를 떠나는 자는 현세에 있다고 하는 영혼의 세계와 아주 닮고 있음을 알 수 있을 것이다.

그러니까 우주는 영계와 마찬가지로 밸런스의 법칙, 인과응보의 법칙에 의해 지배되는 것이다.

이 점을 생각한다면 무엇때문에 자녀가 탄생하는지, 나아가선 생명있는 자가 죽는가도 알 수 있지 않을까?

죽음과 탄생의 순간들

오랫동안 미국에서 살고 있던 친지 부부가 귀국했으므로 만나 보았는데 참으로 놀랐다.

미국에서 태어난 아이가 5세가 되어 있었지만 말은 물론이고 얼굴 생김이 양키 그대로였던 것이다.

"이거야 정말……"

로 하고 말을 잇지 못한채 어쩌면 친지가 미국 여성과의 사이에서 얻은 자식이 아닌가 의심했던 것인데, 자세히 보았더니 부모의 특징은 있었다.

하지만 어째서 이렇듯 한국인과 동떨어져 버렸는가 자세히 물어보았더니 부모의 설명은 이러했다.

"말과 음식이 저쪽의 것이니까 저쪽을 닮게 되지요."

지껄이는 일, 먹는 일, 어느 것이나 입을 사용하지만 영어를 지껄이고 섬유질의 질긴 쇠고기를 매일 먹고 있는 사이 턱의 모양이 아메리카 사이즈가 되어 간다.

그 결과 얼굴 모습이 그쪽 식으로 된다는 셈인데, 이때 새삼 어린이에게 인종이나 국경은 없구나 하며 감탄했다.

국경이나 인종이 없다는 것은 영계에서도 같다. 어느 나라에서 태어나고 어느 나라에서 죽더라도 영계에서도 같다. 어느 나라에서 태어나고 어느 나라에서 죽더라도 영계에 돌아오는 영혼끼리의 차이는 없다.

약간 있다고 한다면, 영계에 있어도 현세의 생활 기억을 완전히 버리지 못하는 영화, 그러니까 영계시험을 좀처럼 패스하지 못하는 자들에게만 국한된다.

그것 이외는 백지인 존재로 되돌아 가는 것이므로 세계는 하나, 인류는 모두 동포, 아니 영은 모두 동료라는 의식을 갖고 있다.

언어나 습관의 차이 등도 영계에선 도무지 관계가 없다.

전생, 재생이 행해질 경우 한국인에겐 한국인의 영이 깃드는가 하는 질문을 받지만 지금 말했듯이 영혼은 모두 같은 상태에 있으므로 어떠한 인종, 민족이라도 자유자재로 깃들 수가 있는 것이다.

다만 일반적으로 말하면, 재생이나 전생은 사자의 사망했을 때와 새로이 태어난 자의 탄생 시간 〔혹은 임신 시간〕이 어느 정도 떨어져 있는 게 보통이다. 왜냐하면 사자의 넋은 일단 영계에 가서 수도를 하고 오지 않으면 안되기 때문이다.

하기야 현세의 시간 흐름과 영계에서의 시간 흐름은 반드시 일치되는 것은 아니다.

현세에선 1년간의 세월이 흐르고 있어도 영계에선 일순간의 눈 깜짝할 시간에 불과한 때도 있으며, 거꾸로 현세에선 일순의 일이라도 영계에선 유구한 시간일지도 모르는 것이다.

그럼 어느 쪽이 참된 시간일까? 현세는 어디까지나 가상(假像)의 세계라고 생각해야만 하겠다.

인간의 역사, 그 생활 혹은 사고방식 모두를 지배하고 있는 것은 영계, 나아가서 그 위에 있는 천계의 절대자이기 때문이다.

따라서 사자의 죽음과 동시에 새로운 생명으로 전생되는〔것처럼 보이는〕일도 없지 않다.

미국의 케네디 대통령이 달라스에서 암살된 것은 1963년 11월 22일이지만, 그 죽음과 거의 같은 시각에 한 어린이가 서독에서 태어났다. 그 소년이 유치원에 다니기 시작했을 무렵의 일이다.

돌연 백악관 내부의 그림을 그려 보이고 그 위에 자기 동생 에림을 '내 아들 존'이라고 우기기 시작했다.

아무리 조숙의 시대라고는 하지만 유치원생이 자기와 세살 터울인 자식을 가질 리가 없고, 부모는 자기 자식이 미쳐버렸다고 생각하고서 병원에 데려 갔다.

그런데 병원에서 온갖 체크를 해보았지만 아무런 이상도 발견되지 않았다.

부득이 다른 병원의 심리학 연구실에 의논을 하러 갔더니, 그곳의 심리학자가 대단한 관심을 갖고서 이 아이에 대해 세밀한 조사를 했다.

그 결과 어린이가 그린 백악관 내부의 그림은 그야말로 진짜였다.

그뿐만이 아니었다, 비밀통로, 비상구의 위치, 비밀 서류를

여는 번호, 나아가선 버튼 누르는 방법까지 남김없이 알고 있었던 것이다.

더욱 놀라운 일은 재클린 부인이 입고 있던 잠옷의 뜯어진 곳이라든가, 부부간의 비밀마저 케네디 본인이 아니면 알 까닭도 없는 일을 말하는 것이었다.

모든 것을 공정하고도 엄밀한 조사 기관을 통해 체크한 결과 이 소년은 '케네디의 환생인 것이 믿어진다' 하는 결론에 도달했던 것이다.

그럼 이 이야기가 만일에 사실이라고 한다면 케네디 대통령의 영혼은 현세에서 일순간에 영계로 가고, 영계에서의 수도를 또한 일순간에 끝내고 전생한 것이 된다.

그러나 나는 이 설과는 다른 생각을 갖고 있다. 오해를 겁내지 않고 말하면, 케네디의 영혼은 영계에 들어가자마자 즉시 현세로 되돌려 보내진 게 아닐까?

미국에서 가장 사랑받는 대통령의 한 사람이었던 그도 사후에는 숱한 악평(惡評)에 파묻힌 느낌마저 있다.

그것들이 모두 진실이었는지는 몰라도 영계로부터 '지상에서 한번 더 수행하고 오라'하는 지시를 받은 것은 있을 수 있는 일이다.

《사자의 글》의 비밀을 탐구하다

현세와 영계와의 관계에 관한 기록은 고대부터 수없이 있었으나 그 원전이라고 생각되는 것이《이집트 사자의 글》이다.

이런 사자의 글 가운데 가장 오랜 것은 기원전 4200년쯤의 것으로서 이집트 세프테왕 시대의 왕릉 관에 그려진 '그림 문자'라고 한다.

당시의 학자들이 그런 그림 문자를 집대성하여《사자의 글》이라는 형태로 세상에 발표한 것이 그리스에 전해져《그리스 사자의 글》, 로마에 전해져《로마 사자의 글》이 되었던 것이다.

그럼 원전인《이집트 사자의 글》에는 어떠한 것이 기술되고 있을까? 저자라고 할 인물은 짐작컨대 이승과 저승을 자유롭게 날아다니는 자, 즉 유체이탈을 수시로 할 수 있는 초능력자였던 것 같다.

먼저 첫머리에 씌어져 있는 것은 사후세계의 체험담이다. 일부는 죽음 비슷한 체험인데 대체로 내세로부터 자유로이 이 세상에 돌아 온 초능력자의 견문록이라고 해도 좋다.

내세로 간다는 것은 일반적으로 죽음을 의미하는 셈인데, 그런 죽음에 관련된 의식, 다시 멀리 길 떠나기 위한 준비에 관해 설명되고 있다. 그 중에서도 특기할 일은 당시의 의료 기술이다.

죽음 직전의 중병자에 대해 실시하는 그들의 치료는 최신의 의학기기를 활용한 것과 별 손색이 없는 결과를 가져 왔던 모양으로, 물론 그대로 죽음의 길을 떠난 자도 있었으나, 한편 죽음 비슷한 체험을 한뒤 이 세상에 다시 돌아온 자도 있었다.

어쨌든 이러한 의료 기술을 갖는 한편 그들은 내세의 존재를 일관하여 확신했고, 또 보다 나은 내세에서의 생활을 꿈꾸며 실제의 생활을 규제하고 있었던 것 같다.

이집트라고 하면 누구라도 피라밋의 존재를 떠올린다. 이 피라밋의 유래에는 여러 가지 설이 있는데 《사자의 글》에는 이렇게 씌어 있다

—죄가 많은 자는 정령계에 도달 한 뒤, 지옥에 떨어진다.

죄가 많은 자란 누구인가? 그것은 위대한 국가를 건설하기 위해 많은 피를 흘린 이집트 왕가의 자들을 가리킨다. 왕가의 사람들은 스스로의 죄많음을 알고 공포에 떨고 있었다.

어떻게 영계의 입구인 정령계로부터 영계에 도달하는 방법은 없을까 하고.

그런 생각에서 태어난 것이 바로 저 피라밋인 것이다.

피라밋 정상 근처엔 작은 구멍이 있다. 피라밋의 바닥에 마련된 현실〔관을 안치하는 방〕에서 그 구멍을 통해 하늘의 일각을 볼 수가 있다.

이런 점에서 구멍은 천문학에 관계되는 것이 아닌가 하는 의견도 있지만 그렇지가 않다. 관 속에서 잠자는 왕의 영이 이 구멍을 통하여 정령계를 넘어 단숨에 영계에 도달하는 것을 바라며 만들어진 것이다. 즉 피라밋은 영계로 이어지는 왕도(王道)인 것이다

그런데 이런《이집트 사자의 글》은 1901년 대영박물관과 이집트 학부장 W·바지 박사로 하여금 재해독 되기에 이르렀다. 이리하여 비로소《이집트 사자의 글》의 전모가 밝혀졌던 것이다.

앞에서 말한 저자인 초능력자인 이름은 '아니'로서 직업은 왕궁에서 일하던 서기다. 그가 실제의 인물임을 이집트 유적의 발굴로서 이미 명백해졌다.

아니는《사자의 글》에서 다음과 같이 기술하고 있다.

—나는 이윽고 깨어났습니다. 그것은 보통의 잠이 깬 것과 다를 게 없었지만 눈앞에 아내가 서 있음을 알고서 깜짝 놀랐습니다.

아내는 1년 전에 죽고 없었던 것이다. 나는 아내에게 물었습니다.

"이것은 꿈인가, 그대는 누구인가?"

아내는 대답했다.

"꿈이 아닙니다. 당신은 죽은 뒤 정령계에 도달했던 것예요. 나는 당신의 아내, 당신을 마중하러 왔어요."

나는 기억을 더듬었다. 내가 죽을 때 주위의 누군가 눈물을 흘리고 승려가 독경하고 있었던 광경이 생각났습니다. 먼 옛날

의 일처럼 생각되지만 극히 한 순간으로 정령계에 도달했겠지요.

나는 잠시 정령계에 머물렀습니다.

날로 나는 스스로의 죽음을 자각하게 되었습니다. 이윽고 아내가 정령계로부터 떠나갔습니다.

"정령계는 영계의 입구입니다. 당신은 여기서 영계로 나아갈지 지옥에 떨어질지 아니면 또 그 어느 쪽에도 가지 못하고 헤매는 영이 될지의 심판을 받아야만 합니다. 나는 한발 먼저 영계에 가서 기다리고 있겠어요."

나는 주위의 영과 함께 정령계의 내부를 향해 걸었습니다. 이윽고 강에 이르렀습니다. 나일강처럼 넓은 강이였지요.

강가에 영계의 태양신 '아라'가 기다리고 있었으며, '생전의 행동에 관한 심판이 내려지다'고 선언했습니다. 이 심판에 합격되지 않는다면 강을 건널 수가 없는 거지요.

태양신은 나의 입에 저울을 내밀고 느닷없이 나의 가슴에서 심장을 뽑아내어 저울대 한쪽 접시에 올려놓고 다른 한쪽에 '아마토토'의 깃털을 올려 놓았습니다.

아마토토의 깃털이란 영계의 정의와 진실의 상징입니다. 그리하여 심장 쪽이 만일 이 깃털보다 무겁다면 죄 많은 자로 여겨져 괴수 앞에 던져지는 것이였지요.

그러나 나는 두려워하지 않았습니다. 자기의 일생을 돌아보았을 때 남을 중상하든가 신을 모독한 일은 없었다고 확신되었기 때문입니다.

사실 나의 심장은 야마토토의 깃털보다 가벼웠고 무사히 영계로 건너 갈 수가 있었지요.

나의 눈앞에 영계의 찬란한 광경이 펼쳐졌습니다.

몇 개의 마을에선 사람들이 즐겁게 휴식하고 있었습니다. 나는 그들의 사이를 누비듯이 하며 아내의 모습을 찾았지만 결국 만날 수가 없었습니다.

그런 뒤 아니는 영계에서의 생활을 보내고 얼마 있다가 현세에 돌아왔습니다.—

《사자의 글》을 쓴 것은 그로부터의 일이지만, 그럼 부활한 그는 역시 아니라고 불렸던 것일까?

그 경과는 분명하지 않지만, 나는 아니의 영혼이 그런 기억을 가진 채 전생했을 것이라고 추측한다.

영계에 들어간 자는 흰 종이처럼 되며 현세의 기억이 점차로 엷어지게 되어 있지만 물론 예외도 있다. 어떤 경우가 예외일까?

신의 의지에 의한 경우이다. 아니는 지상에 돌아가 《사자의 글》을 쓰도록 우주의 절대자로부터 지시받았을 것이다.

《티베트 사자의 글》이 가르치는 것

《사자의 글》은 세계 각지에 있지만 그 기술은 미묘한 곳에서 어긋나고 있다. 이것을 어떻게 생각해야 할까?

'백문이 불여일견'이란 말이 있다.

사람이 사실을 아는 가장 확실한 방법을 보는 것이지만, 그런데도 때로는 잘못 보는 일도 있고, 또 어떤 사물의 한쪽 면밖에 보지 못하는 일도 있다.

예를 들어 10원짜리를 책상 위에 놓는다. 위에서 내려다보면 원형이지만 옆에서 보면 얇은 직방형이다. 그렇다면 '10원짜리는 둥글다'고 말하는 것은 우습다는 것이 된다.

영계에 대한 기술의 어긋남도 아마 그러한 견해나 느낌의 문제일테이지만, 그렇긴 해도 '10원짜리는 둥글다'하는 인식이 일반적인 것과 마찬가지로 영계의 본질에 관해서는 어떠한 《사자의 글》에 있어서나 공통적이다.

《티베트 사자의 글》을 예로 들어보자.

티베트에는 아직도 아주 특수한 '수행'을 하는 라마승들이 있고 밤낮 수도를 하고 있지만, 그들의 수도 목적은 죽음의 세계에 도달하는 것이다.

많은 사람들은 '죽어 꽃이 되고 열매가 열릴 게 뭐야' 라고 생각한다. 살아 있어야 갖가지의 즐거움이나 기쁨이 있다고 믿고 있지만, 라마승에 있어선 죽음이야말로 인간의 목적으로서 다시없을 행복은 사후의 세계에 있다고 생각하는 것이다.

왜 이런 사상을 갖기에 이르렀을까? 라마의 행자들은 갖가지의 수행을 하지만, 그 중에는 자유자재로 유체이탈을 할 수 있는 자도 있다.

그들은 영계의 상황을 견문하고 사후세계의 희한함을 체험하는 것이다. 그런 체험이 구전에 의해 대대로 전해지고 그들의 확고한 사상이 형성되었던 것이다. 이것을 티벳 문자로 기록한 것이《바르드소돌교전》, 이른바《티베트 사자의 글》이다.

《티베트 사자의 글》에 의하면 영계에는 잿빛 연기처럼 둔탁한 빛을 뿜는 물체가 존재하는데, 이는 '분노'·'새암'·'헐뜯음'·'원한' 이라고 하는 사악한 카르마(업)의 덩어리이고, 이런 물체에 사로잡히면 지옥에 떨어진다고 한다.

또 빨간 빛을 내뿜는 물체는 '굶주림'·'목마름'을 가져오고 어두운 녹색의 빛을 뿜는 물체는 '질투'의 카르마라고 한다.

번뜩이는 물체로부터 주어진 시련을 견뎌낸 영은 그지없는 행복계에 들어갈 수 있지만, 언젠가 지상으로 되돌려진다. 지상에 돌아온 영은 다시 수도를 계속하고 죽음의 세계를 목표한다.

《티베트 사자의 글》은 이런 유희의 세계를 나타내고 있다

제 2 부

새로운 인생에의 출발

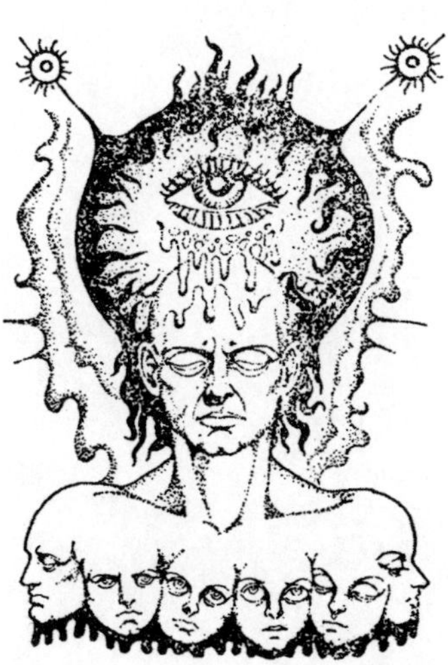

죽음은 수행의 졸업증서

얼마전 나의 신변에서 일어난 일을 소개할까 한다.

오랜 친구가 갑자기 쓰러졌다는 연락을 받고 허둥지둥 병원에 달려갔더니 그는 '집중치료실'의 병상에 누워 있었다. 병실 내의 잡균 침입을 막기 위해 문은 굳게 닫혀져 있었고, 역시 급함을 듣고 달려 온 친척이나 관계자가 유리 너머로 친구의 모습을 지켜 보고 있었다.

한 사람에게 물었더니 병명은 뇌혈전이고, CT스캔 검사에 의하면 뇌의 우측이 시커멓고, 즉 뇌세포의 반이 죽어가고 있다는 것이었다.

의사의 말에 의하면 '뇌에 생기는 부종에 의해 뇌간부(腦幹部)가 압박되었을 경우 호흡 중추 등의 기능이 정지되어 곧 죽음에 이르는 극히 위험한 상태'라는 것이었다.

어쨌든 병세가 안정될 때까지는 면회 따위는 도저히 무리라고 하여 그날은 부득이 그대로 귀가했다.

연락을 기다리고 있으려니까 수일후 '간신히 소강상태를 유지하고 있다, 면회도 가능하다'고 알려 왔다.

아무튼 옛날부터 아는 친구였다. 저 세상에서 다시 만날 수도 있겠지만 이 세상에서 만나고 싶다는 생각에서 또 병실을 찾아갔다.

침대에 누워 있는 그는 코나 입으로 튜우브가 꿰져 있었고 거칠은 숨을 쉬고 있었지만 아직 의식은 있는 것 같았다.

'이봐, 나야' 하고 말을 걸었더니 쥐어짜는 목소리로 무언가를 호소하려고 했다. 몸의 우측 반이 마비되고 있었기 때문에 혀가 충분히 돌아가지 않고 무엇을 말하고 있는지 확실치 않지만, 나로선 '아직 죽고 싶지 않다'는 심정을 한껏 표현하고 있는 것처럼 생각되었다.

"그래, 살고 싶단 말이지. 잘 알겠어, 하지만 허위적 거릴 것은 없네. 자네의 지금까지의 일생을 돌이켜 보게. 걸어 온 길을 뒤돌아 봐. 즐거운 추억이 가득 있을테지. 그것을 떠올리고 있으면 기분이 편해진다. 살든 죽든 그러고나서이다."

나는 큰 목소리로 한마디 한마디 끊어가며 느릿하게 말을 했다. 기분이 그래서인지 그의 표정이 진정된 것처럼 보였다.

나는 기회를 보아 이렇게 말했다.

"자네가 살지 죽을지 나로선 모르겠네. 하지만 비록 죽는다 하여도 그것은 이 세상을 졸업했을 정도의 것으로서 별것이 아니야.

나만 하더라도 이 세상의 졸업장을 서너장이나 갖고 있지. 그것은 곧 죽어도 언젠가 이 세상에 다시 돌아오겠다는 의미야. 한 번밖에 살 수 없다고 생각하니까 무서워지고 겁나는 것일세. 몇번이고 살 수 있으니까 걱정 말라구."

그랬더니 글쎄, 그의 거친 숨이 조금씩 잔잔해지고 고통에 넘친 표정이 잔잔해지는 게 아니겠는가.

그날을 고비로 하여 눈에 띄게 증상에 차도가 있었고 생사의 갈림길에서 헤매고 있던 그는 현재 훌륭하게 사회 복귀를 하고 있다—고 하면 어떤 류의 종교 등이 장기로 삼은 기적담이지만, 나는 유감스럽게도 그와 같은 일을 일으키는 성자도 아니거니와 마술사도 아니다.

한 때는 말을 할 수 있기까지 회복했지만 그는 치료의 보람도 없이 약 2주일 뒤 이 세상을 떠났다. 그러나 그동안 그의 얼굴은 참으로 고요했었다고 임종을 지켜 본 그의 부인이 말했다.

아마도 이 세상의 수행 졸업장을 손에 쥐고 저 세상으로 갔을 게 분명하다.

생명 있는 자는 어김없이 죽음을 맞는다고 하는 엄연한 사실을 알고 있으면서 사람은 누구나 죽는 것을 겁낸다.

초목 혹은 동물처럼 조용히 죽음을 받아들이지 못하는 것은 온갖 욕망에 의해 꽁꽁 묶여 있기 때문이리라.

그리하여 또 죽음의 저편은 무(無)라고 하는 일견 합리적이라고 생각되는 사상에 지배되고 있기 때문이기도 하다. 아무리 예쁜 얼굴과 풍만한 육체를 자랑하는 여성이라 해도 화장을 하면 어디의 누군지도 모를 백골로 바뀌고 만다. 이런 허무함에서 죽음=무(無)라는 결론이 도출되는 것이다.

허나 과연 육체가 소실되고 말면 인간은 존재할 수 없는 것인가, 대답은 '아니다'이다. 그것의 증명은 나중에 하겠다.

과연 죽음의 다음은 무일까?

역시 대답은 노우이다.

다만 그것을 증명하는 물증은 없다. 허나 물증은 없지만 많은 사람들이 죽음의 전방에는 이세상과는 다른 세계가 있음을 증명하고 있다.

유체이탈은 과학적으로 증명된다

유체이탈 현상은 모든 인간에 일어나는 일이다. 다만 보통으로 죽음의 순간 혹은 죽음과 가까운 체험일 때 일어나는 것이다.

죽음의 순간 유체(幽體)가 육체로부터 분리되는 광경을 꼼꼼히 기록한 사람들은 과거에 몇명 있지만, 소련 아카데미 생리학연구소는 특수한 장치에 의해 유체이탈의 과정 촬영에 성공하고 있다.

그 필름엔 다음과 같은 광경이 수록되고 있다.

베드 위에 누운 환자의 심전도도, 뇌파 측정기도 정지된 순간부터 환자의 몸에 기묘한 현상이 일어난다.

몸의 윤곽과 같은 모양을 한 그림자가 발치로부터 머리쪽 방향을 향해 오그라드는 것이다. 매미나 게, 새우 등은 허물을 벗지만, 그 그림자와 육체의 관계는 탈피 후의 껍질과 본체를 닮고 있다.

그런데 그런 그림자는 최종적으로 두부〔머리〕에 모인다.

얼마쯤 지난 뒤 지름 30㎝ 정도의 구형(球形)이 되어 두부로부터 외계로 흔들 흔들 하면서 나간다.

이 구형의 물체가 유체, 이른바 인간의 넋이라 생각되고 있다.

유체와 육체는 수많은 실같은 것으로 매어져 있는데, 유체가 몸에서 빠져나갈 때에는 실같은 것이 차례로 끊긴다.

이 실 모양의 물질은 육안으로선 보통 보이지 않지만, 특수장치로 촬영하면 은색이며 강한 방사광선을 뿜고 있음을 알 수 있다.

또 영능자 등 특수한 능력을 갖고 있는 사람들에겐 반투명상태의 희끄무레한 것으로 보이는 경우도 있다.

몸 밖으로 나간 유체는 공중을 자유롭게 비행할 수가 있지만, 사자의 경우는 본인의 상공에서 잠시 머물러 자기 자신의 시체를 굽어본 뒤 급속히 상승하고 하늘의 일각을 향해 날아간다.

일각이란 아마도 저승에의 입구라고 추측된다.

이렇듯 유체의 존재는 영상적으로 포착되지만, 물량적으로 포착하는 연구도 활발해지고 있다.

지금 바야흐로 죽음에 임하고 있는 자를 중량 측정기에 올려놓고 관찰하면 죽음의 순간 체중이 가벼워진다.

그러니까 무엇인지 몸에서 빠져나간 것이 되는데, 그 중량변화는 약 35그램부터 60그램이라고 한다.

이것을 유체의 무게라고 생각해도 좋다.

죽음과 가까운 체험을 한 자의 기록

유체이탈을 체험한 예는 수없이 보고되고 있다.

물론 이와같은 예는 개인적 체험이므로 모두가 진실이라 하여도 곧이 곧대로 믿을 수는 없다. 그러나 또 한편 그 내용을 자세히 검토해 보면, 진실인지 여부를 판별할 수가 있다.

이제부터 말하는 예는 많은 전문가에 의해 '진실이겠지' 하고 판단된 것이다.

영국 공군의 고문 의사이고 대영제국의 귀족이 된 인물이 제1차 세계대전이 한창일 때 체험한 유체이탈은 세계에 널리 전해지고 있다.

1913년 프랑스의 크레마레에 주둔하고 있던 왕립 항공대 제2여단의 의무관으로써 배속된 그는 긴급 사고의 연락을 받고 현장으로 달려가기 위해 파일럿과 함께 정찰기에 올랐다.

이륙한 지 얼마 있다가 비행기의 엔진 상태가 이상해지고 이윽고 실속(失速)한 비행기는 떨어지기 시작했다.

당시의 비행기는 이른바 '잠자리 비행기'라고 불릴 정도의 것이었다. 추락해도 현재의 제트기처럼 지면에 초고속으로 격돌

하는 일은 없었다.

낙엽이 날리면서 떨어지는 느낌인데, 그렇기는 하지만 타고 있는 자로서는 생명의 일대 위기였다.

의무관은 자기의 직무상 현상을 냉정히 인식하려 하고 있었을 테지만, 그래도 시시각각 대지가 눈앞에 닥쳐오는 것을 보면 정신적 공포에 빠지는 것은 당연했으리라.

더욱이 그는 본래 의학도이고 평시라면 캠퍼스에서 청춘을 구가하고 있을 나이였다. 아마도 머리 속에는 연인과의 즐거운 추억, 가족들이며 친한 친구들의 얼굴이 주마등처럼 떠오르고 있었을 것이리라.

그와같은 이를테면 정신적 에네르기가 방아쇠가 되어 고도 60미터 쯤으로 저하되었을 순간, 유체이탈 현상이 일어났다.

그러니까 비행기는 그와 파일럿을 태운 채 땅에 거꾸로 박혀졌다. 그런 광경을 또 하나의 그, 즉 그의 영혼이 상공에서 굽어보는 상태가 되었던 것이다. 숨을 삼켜가면서 그는 그 순간을 기다렸다.

비행기는 일단 땅에 곤두박질을 쳤으나 저속이고 기체도 경량인 것이 다행이었던지 한 바퀴를 돌면서 뒤집혀져 착륙했다.

그 충격으로 조종사와 그는 비행기 밖으로 나가 떨어졌다.

그는 정신을 잃고 누워 있었으나 파일럿은 말짱하여 의무실이 있는 곳으로 필사적으로 달려 갔다.

또 근처에 주둔하고 있던 부대로부터 구급차가 달려 왔는데, 간호병이 의료기구를 잊었는지 구급차는 일단 U턴한 뒤 다시 의무실 쪽으로 향해 맹 스피드로 달려 갔다.

그의 유체는 이런 긴박한 상황을 공중에서 굽어보고 있었다. 빨리 처치해 주었으면 한다. 발을 골절하고 있는지도 모른다.

작은 목소리로 간호병들에게 열심히 지시를 했지만, 간호병은 물론 그의 유체 존재를 깨달을 리가 없었다.

이윽고 들것이 준비되고 4명의 병사들이 구급차에 그를 실었다. 사이렌을 울리면서 맹렬한 속도로 시가지를 향해 달렸다.

그때 그의 유체는 섬칫하고 깨달았다.

육체만이 가버린다면 나는 어떻게 하는가? 그 생각일 떠오름과 동시에 구급차의 뒤를 쫓아 힘차게 공중을 비행하기 시작했다.

그 뒤 그의 유체쪽 의식은 끊겼다. 병원의 한 병실에서 약을 먹고 의무관은 의식을 되찾았으며 곁에서 시중드는 의사나 간호병에게 자기의 체험을 말하기 시작했다.

파일럿이 부상을 입지 않았다는 것, 구급차가 일단 U턴했던 일, 그리고 들것을 나른 간호병들이 지껴린 내용…….

어떻게 그런 것을 알았는지 설명하는 데는 애를 먹었지만, 결국 그가 유체이탈을 했다는 사실을 주위의 사람들은 납득하지 않을 수 없었다. 그렇지 않고선 설명할 수 없는 일뿐이었기 때문이다.

이러한 유체이탈은 out of body experience(OBE) 혹은 escomatic state라고 불리고 있지만, 초심리학자 스콧 로과 1978년 자기 자신의 유체이탈 체험을 한 권의 책으로 썼다.

거기에는, 〈낮잠을 자고자 침대에 올랐더니 갑자기 오한이 나면서 몸이 떨리기 시작하고, 그 직후 자기 자신은 허공에 떠올라 베드의 자기 육체를 굽어보고 있었다. '내 움직임은 마치 젤리 위를 기어 다니고 있는 것만 같았다. 자기의 신체이다 싶은 것은 반투명의 백색 모양의 구름에 둘러싸여 똑똑히 볼 수가 없었다〉

고 하는 글이 씌어 있다. 그의 유체이탈은 일순이었던 모양으로 외계를 비행하는 일은 없었다.

죽음의 순간 무엇이 일어나는가?

앞에서 말했듯이 죽음에 이르는 순간 인간의 육체의 유체, 영혼이 분리되는 일은 객관적 사실로 되어 있지만, 주관적으로는 어떻게 되는 것일까?

노벨의학상 수상자인 샤를르 리쉐박사(프랑스)는 최면 실험에 의해 사자 자신의 죽음 및 사후의 의식을 밝히는 일에 성공했다.

그 리포트를 토대로 하여 인간의 죽음과 사후의 경과에 관해 말하겠다.

일반적으로 죽음이란 심장이 정지되고 다시 움직이지 않는 상태를 말하지만, 좀더 정확하게 죽음의 정의를 해 보자.

현재 사람의 죽음 판단은 뇌사(腦死)를 갖고서 한다.

뇌사 판정 기준은 (1)깊은 혼수 (2)자발 호흡의 정지 (3)동공지름 4밀리 이상 (4)뇌간(腦幹)반사 소실 (5)평탄 뇌파 (6)이상의 상태가 6시간 후에도 바뀌지 않는 경우의 6항을 충족하는 것으로 되어 있다.

여기엔 심장 정지가 포함돼 있지 않지만, 현재의 의학 기술에 의해 심장의 활동은 반영구적으로 계속시킬 수가 있기 때문이다.

그런데 이런 뇌사 기준에는 이론(異論)도 있어 좀처럼 의견의 통일을 이루지 못하는 것이 현실이다.

그래서 나는 생각하는 것인데 이런 기준에 유체이탈을 덧붙이면 거의 완전한 죽음을 정의할 수 있지 않을까?

물론 상태(常態), 혹은 죽음과 비슷한 체험 아래서의 유체이탈도 있지만 육체 기능의 정지가 확인되고서의 유체이탈이라면 이는 틀림없는 죽음을 의미한다.

그럼 죽음에 있어서의 사람의 의식=주관적 죽음의 경과인데, 그것은 아래와 같은 상황이다.

죽은 일에 의해 사람은 모든 감각을 잃는다고 했다. 의식이 소멸되므로 아픔이나 괴로움이 없어진다는 것인데, 진실은 꽤나 틀린다.

확실히 육체를 저미는 고통은 해소되지만, 유체 쪽에는 분명히 의식이 남겨져 있으므로 온갖 상념은 계속 품게 되는 것이다.

또 감성도 의식에 심어져 있으므로 갓 태어난 신선한 감성상태로 돌아가는 것이다.

그러니까 인간 본래의 모습으로 되돌아 가고 생활 속에서 몸에 지닌 감성의 때가 제거된다고 생각하면 된다.

극히 보통의 죽음일 경우, 사자의 둘레에는 의사를 포함하여 죽음을 지켜 보는 사람들이 있다. 그들 중 어떤 자는 울고 어떤 자는 죽음을 애도하는 말을 던지고, 또 어떤 자는 멍하니 얼빠진 것처럼 되리라.

그런 사람들의 표정이나 움직임, 말과 같은 모든 것이 사자로선 분명히 이해가 되는 것이다.

이런 일은 사자 자신을 어리둥절케 한다. 자기가 죽었기에 그들은 슬퍼하며 한탄하고 있는 게 아닌가. 아니 개중에는 유산의 몫에 생각을 달리며 히죽 웃고 있는 자도 있지만, 그것을 내가 안다고 하는 것은 내가 죽고 있지 않다는 게 아닐까?

사자는 그렇게 생각하며 큰 목소리로 아직도 살아 있음을 호소하려고 한다. 그러나 목소리가 나오지 않는다. 손을 들어 신호하고 싶다.

확실히 손은 올라갔다. 그런데 현실로 손은 담요 아래 놓여진 채이다. 올라간 것은 유체 쪽의 손이었던 것이다. 그래서 사자는 생각한다.

아무래도 의식과 육체는 따로따로 된 모양이구나. 이것이 죽음이란 것인지도 모르겠다. 여기서 겨우 스스로의 죽음을 납득하는 것이다.

공중 높이 날으는 영혼

아마도 이 단계에선 유체이탈 현상은 시작되고 있으리라.

특수 장치의 촬영으로 말하면, 몸의 모양을 한 그림자가 수축을 시작하고 두부에 집중하기 시작했다고 하는 단계라고 생각된다.

사자=의식을 갖는 유체 쪽은 스스로의 죽음을 인정하지 않을 수 없는 상태이지만, 동시에 죽음이 그리 불쾌감을 주지 않는 것임을 알게 된다. 왜냐하면 죽음이 무의 세계가 아님을 알았기 때문이다.

생명 있는 사람과 코뮤티케이션을 갖지 못한 건 유감이지만, 그들의 영의 모든 걸 내다볼 수 있음은 마음 든든하다.

그리하여 문득 깨닫고 보니 자기의 속에서 이른바 세속(世俗)의 욕망이 없어져 있다는 게 유쾌하게 느껴진다.

욕심에도 갖가지가 있지만 죽음 직전까지 자기 자신을 괴롭히고 있던 생존욕이 거짓말처럼 없어지고 있는 것이다.

죽어버렸으니까 당연하다면 당연하지만 또 한편 죽음도 삶도 별로 다르지 않다는 인식이 욕심을 소멸시키는 것이다.

다만 금전욕, 성욕은 어떤 까닭인지 남아있는 일이 있다. 이 점에 관해선 장을 바꾸어 말하기로 하겠다.

그런데 머리에 집중한 그림자가 너울너울 공중에 떠돌기 시작했을 무렵, 사자에겐 아득한 곳으로 부터의 부르는 소리가 들린다.

그 목소리는 투명하고 따뜻하며 다정하다. 만일 여신이 천상에 계신다면 그녀의 사랑으로 넘친 목소리일지도 모른다.

부르는 내용은 천계에의 유혹이다.

"당신은 이리로 오세요. 당신이 이제부터 살 장소에 안내해 드리겠어요."

사자의 유체는 그 소리에 이끌려 하늘높이 날아 간다. 유체이탈의 맹렬한 스피드로 영혼이 솟아오르는 것이다. 그 도중 불쾌한 연속음이 울리지만 이것은 방황하는 악령들의 원한의 소리인지도 모른다.

이런 악령들은 천계의 문 있는 곳에서 들어가는 것을 거부된 자들의 영이다. 이 영들은 이승에서 저승에 이르는 공간을 헤매고 있으며 여신에 이끌려 상승하는 영혼을 부러워하고 자기 신세를 한탄하는 것이다. 그 신음 비슷한 소리가 불쾌음이 되는 것이리라.

이윽고 상승의 속도는 느려지고 유체는 안개로 덮인 세계에 도착한다. 안개로 싸인 세계에는 몇 천, 몇 만인 사자의 영이 모여 움실댄다.

그들은 천계에의 입구로부터 안으로 인도되는 것을 기다리고 있는 것이다. 귀를 기울이면 문이 있다 싶은 방향에서 고요한 소리가 흘러 나온다.

단아하고도 장중한 음악, 비유해서 말한다면 궁중의 아악이고 서양의 진혼가처럼 들린다.

사자의 영은 여기서 한숨을 쉰다. 아무튼 숱한 영들이 문을 들어가기 위해 줄을 서고 있기 때문이다.

이승부터 저승으로 향하는 영의 수는 전세계에서 하루에도 엄청난 수에 달한다. 그런 영이 천계의 입구에서 조사를 받는 것이므로 시간이 걸리는 것도 당연하리라.

영혼은 현세의 사람과 똑같은 스타일

영계의 입구 언저리, 그러니까 유계의 마지막에 해당되는 부분의 풍경은 참으로 살벌하다.

흰 안개가 주위에 드리워져 있는 일은 이미 말했지만, 그 안개가 끊기는 틈을 타서 기웃거리면 일대는 광막한 사막과도 같은 모습이다.

아래가 땅이면, 위가 하늘이라는 확연한 경계가 없는 것이 지상계의 사막과 다르지만 푸른 나무가 있는 것도 아니고 냇물이 있는 것도 아니란 점에선 마찬가지이다.

그런 으스스한 광경 속에서 숱한 유체, 사자의 영혼이 한무리로 떼져 있는 것이다.

그런데 이같은 유체의 모습, 모양인데 지상에 있어서 인간의 모습과 같은 것이다. 유체는 이를테면 매미의 허물과 같은 것이므로 인간의 모습을 하고 있는 것은 당연하지만, 한편 그림자와도 같은 존재이다. 따라서 빛이 비추는 각도에 따라 그림자의 모양이 바뀌는 것과 마찬가지로 임기응변, 모습을 바꿀 수가 있다.

애당초 육체로부터 이탈했을 때의 형태가 원구형(圓球形)이었음을 생각한다면, 변신(變身)의 능력이 있다는 것은 이해할 수가 있으리라.

그러나 영계의 입구에선 본래의 육체와 똑같은 형태이고, 이목구비도 손발도 고스란히 갖추고 있다.

아니 오해를 가져올 염려가 있으므로 좀더 정확히 말하면, 생전에 몸 일부의 기능에 장해가 있든가 혹은 기관이 결손되었든가 하여도 유계에선 본래의 정상적 모습으로 돌아가는 것이다.

그러면 선천적 기능 장해와 기관 결손은 어떤가. 이런 케이스도 모두 정상인 상태가 되어 있는 것이다. 그러니까 저승에서는 인간이 본래 있어야 할 모습이라고 했는데 복장과 관련하여 생각하면 된다.

태어난 그대로의 모습이라면 발가숭이라는 것이 되지만 유체는 모두 무언가의 의복을 걸치고 있다. 의복의 착용은 인간과 다른 동물을 구별하는 하나의 요소이므로 인간으로부터 비롯된 유체는 인간으로서의 몸가짐을 갖추는 것이다.

다음은 금전욕인데 이런 이야기가 있다.

아버지를 병으로 여읜 아가씨가 어떤 영매 능력자를 찾아가 아버지의 강령(降靈)을 부탁했다.

영매 능력자의 입을 빌린 아버지의 말에 의하면, 새 허리띠를 구하여 매고 있다고 한다. 어떻게 손에 넣었느냐고 물었더니 '돈으로 산다'는 대답이었다.

그녀는 아버지의 관 속에 돈을 넣어준 기억이 없어 이상하게

여기자,

"이불 밑에 20만원이 있었다. 그것을 쓰고 있는 중이지."

그제야 비로소 딸은 생각이 났다. 아버지가 입원했을 때 의식불명의 상태였었지만 시중들고 있던 어머니가 비상금으로 20만원이 든 지갑을 이불 밑에 넣어 두었던 것이다.

저승에서도 약간의 돈은 필요한 모양이다.

주체못할 만큼의 돈은 필요치 않더라도 일용품을 구입할 만큼은 준비해 두는 편이 좋을 것이다.

옛날엔 장례식의 풍습으로써 잔돈을 관에 넣었지만 결코 까닭없이 그랬던 것은 아니며 또 '저승길도 돈나름'이라는 말도 의외로 신빙성이 있는 것인지도 모른다.

그런데 의복이든 돈이든 생명이 없는 물체이다. 이런 물체를 저승에 가져 가는 일은 가능할까?

아마도 현물 그 자체는 가져갈 수가 없겠지만, 유체가 육체의 그림자 같은 것임과 마찬가지로 물체의 그림자로써 혹은 카피로써 영계에 가져 가는 일은 가능하다.

초심리학의 세계에서 물체의 순간 이동 [텔레포트]의 연구가 진행되고 있지만, 이것은 물질을 원소 단위로 분해하고 새로이 이동시킨 장소에서 분해된 원자를 다시 조립하는 작업을 말한다.

따라서 지폐를 구성하는 원자만 있다면 지폐의 카피(복제)를 영계에서 만드는 일이 가능하다.

영계에서 유아령은 어떻게 다루어지는가?

최근 세간을 시끄럽게 하고 있는 것이 자식에 의한 부모살인 혹은 상해사건이다.

이 배경에는 교육문제를 포함한 사회적 상황이 크게 관계된다는 견해도 있지만 반드시 그것만도 아니다.

언제까지 부모 자식이라 하는 부모 쪽부터 자식에 대한 일방적 감정을 갖는 일이 가장 큰 원인이다. 어떤 뜻이냐 하면 생물학적으로 보면, 부모와 자식은 유전자에 의한 연결이 타인에 비해 압도적으로 강하지만, 영혼의 결부는 실인 즉 그리 강하지가 않다. 자식이 태어나는 어느 단계[불교에선 어머니의 태중에 있을 때]인지는 우선 접어두고서, 어떤 단계에 영혼이 불어 넣어짐으로써 자식은 인간으로써 존재하게 된다. 그때 불어넣어진 영혼은 어버이와는 전혀 관계없는 영혼일 경우가 대부분이다. 그렇다면 어버이가 자식에 대해 일방적으로 친자(親子)의 정을 강요할 수는 없을 터이다.

그런 점을 판별하지 못하므로 그와 같은 비극이 발생하는 것이다.

그런데 영계에 있어선 유아(幼兒)의 넋은 참으로 따뜻한 애정이 기울여진다. 유계에는 특별한 사랑이란 없고 보편적 사랑만이 존재한다고 말했지만, 유일한 예외가 유아령(幼兒靈)에 대한 애정이다. 왜 유아령은 그와 같은 취급을 받을까?

다시 윤회전생의 시스템을 떠올려 주었으면 하는데, 본래 이 세상에 수행을 위해 보내진 영이 그 수행을 충분히 하기도 전에 다시 영계로 돌아온다 하는 일은 비극이기 때문이다.

수행에 일정한 양이 있는 셈은 아니고 또한 영은 몇 번이고 내세와 현세를 왕복하는 것이므로 헛걸음이라는 인식은 없지만, 그렇긴 해도 수행에 의무 지워진 자가 그런 의무를 완수하지 않고 죽는 것은 우주의 지배자인 신에 있어서도 극히 유감된 일이다.

그러면 이 후한 애정을 받은 유아령은 그뒤 어떻게 될까? 역시 영인으로서의 수행을 하는 것이지만, 아무튼 현세에서의 수행이 제로나 다름없는 셈이라서 수행의 진도가 더디어지고 만다.

그것을 되도록 빨리 보다 높은 영격(靈格)에 도달시키기 위해 그밖의 영인이 협력 체제를 편다—이것이 영인들의 애정 표현이기도 하다

또한 이런 유아령이 다시 이 세상에 보내졌을 경우는 다른 영보다도 장시간 이세상에 머무르는 게 보통이다. 전세에서 다하지 못한 수행을 하기 위한 시간이 필요함과 동시에 이 세상에 태어난 것의 기쁨을 보다 많이 맛보게 해 주려는 신의 의지가 작용되기 때문이다. 이세상의 기쁨이란 수행 그 자체라고 바꾸어 말해도 좋다.

제 5부

보다 좋게 태어나기 위하여

영혼은 언제까지 전생을 되풀이 하는가?

사람의 영혼은 이 세상과 내세와의 사이를 왕복하면서 쉴새 없이 스스로를 연마한다. 이것이 윤회전생의 의미라는 것은 이미 말했지만, 그럼 대체 이 윤회전생에는 끝이 있는 것일까, 그 점에 관해 고찰할까 한다.

영혼에 관해선 갖가지의 표현이나 견해가 있지만 그 근본은 우주에 바탕을 두고 있다.

말하자면 우주 창조의 때부터 영혼은 이 우주 공간에 존재하고 있었던 것이다.

우주의 티끌이 모여 지구가 형성되었을 때 영혼의 일부는 지구의 주변에 모였다. 그 위치는 지구 상공 500킬로미터 근처이고 도우넛 형태로 지구를 둘러싸고 있었다고 한다.

이 점은 미국 우주 비행사들의 이상한 체험에 의해 뒷받침되고 있다. 달에 착륙한 우주비행사 혹은 우주선으로 지구 주변을 궤도 비행한 우주 비행사의 대부분은 우주공간의 어떤 부분을 가로지를 때 뭐라 말할 수 없는 아름다운 빛의 무리가 빛나는 것을 보았고, 동시에 마음의 속까지 울려주는 깊은 감동을 느꼈다고 한다.

이런 빛의 무리는 우주 먼지나 과거에 쏘아 올려진 인공위성의 파편도 아니다. 그럼 무엇인가? 우주 비행사의 몇 사람은 영혼의 무리가 아니었는가 추측하고 있는 것이다.

그런데 이런 영혼들은 지상에 생명이 탄생했을 때 그런 생명체의 속에 들어갔다고도 한다. 그리하여 생명체가 성장과 죽음을 되풀이 하면서 진화됨과 함께 영혼도 또한 진화되었다는 것이다.

또 한편 영혼은 인류라고 불리는 생물이 이 세상에 탄생했을 때 비로소 인간의 속에 들어갔다는 설을 주장하는 사람도 있다.

어느 쪽이 바른 설인지, 실은 현재로선 아직 명확하지가 않다.

전자의 설을 따르면 사람의 영혼도 동물·식물의 영혼, 나아가선 유기체, 생명체의 영혼도 같은 것이 된다.

따라서 인간에게 귀신이 붙는다, 여우나 도깨비 등이 붙는다 하는 현상을 설명할 수가 있다. 또 불교에 있어서의 영혼의 자세도 이런 생각에 가깝다.

그러나 나는 전자가 아닌 후자의 설이 합리적이라고 생각한다.

영혼은 인간, 동물, 혹은 식물 등 모든 생명체에 존재하는 것은 확실하지만 이런 영혼들이 모두 같다고는 생각지 않는 것이다.

각각의 영혼은 각각의 육체 혹은 생명체가 태어날 때 그 체내에 들어가지만 생명체가 죽으면 각각의 영혼이 모이는 영계로 올라 간다.

말하자면 식물 영혼의 영계, 어류·포유류 혹은 인간의 영계가 따로따로 존재한다는 셈이다. 따라서 귀신이 붙든가 하는 것은 이를테면 잘못되어 영계의 비뚤어짐에 의해 튕겨져 나오고 사람의 영계에 휩쓸리든가 혹은 직접 사람의 체내에 내려왔기 때문에 생기는 현상이라고 생각해도 좋다.

본론으로 돌아가겠다.

윤회전생에는 과연 끝이 있는가? 결론부터 말하면 끝이 있는 것이다. 그럼 어떤 때가 끝인가?

영이 끝없는 신에 가까운 존재가 될 만큼 수행을 계속했을 때이다.

먼저 처음에 하나의 영이 새로이 태어난 인간의 체내에 들어갔다고 하자.

이런 영혼이 무사히 이승에 있어서의 수행을 마치고 영계로 돌아간다. 그리하여 영계에서 다시 수행을 하고 영계의 마땅한 층에서 생활을 했다고 하자.

이런 영이 신으로부터의 명에 의해 지상에 내려올 때에는 최초로 인간체에 들어갔을 적보다도 진보된 상태이다. 따라서 그 영을 몸안에 받은 인간 또한 어느 정도 진화된 상태로부터 첫걸음을 내딛는 것이 된다.

이와 같은 일의 반복에 의해 인류는 진보를 거듭해 왔다고 할 수가 있다.

그러면, 두번째의 인간이 죽고 영혼이 영계에 들어가서 새로이 수행을 했을 경우, 그 영은 이전보다도 상층의 영계로 나아갈 수가 있는 것이다.

이런 영, 상급령이 다시 지상에 내려오고 또 영계로 돌아가는 사이 영계에서의 지위는 더욱 더 높아져 가는 것이다.

말하자면 영계 중에서의 지도적 지위에 취임할 수가 있는 것이다.

이런 영이 만일 이 세상에 내려왔을 경우는 어떻게 되는가? 영이 깃든 인간을, 세계의 리더십을 잡을 수 있는 인물로 키워가는 것이다.

그런 지도적 인물이 죽고 영혼이 영계에 돌아간다…… 이런 전생을 반복하는 사이 영은 수행의 궁극에 이른다. 그리하여 또 지상에 내려올 때, 그런 영이 깃든 자는 종교적 지도자가 될 터이다.

예를 들어 그리스도, 마오멧, 혹은 석가, 그리하여 그밖의 교조—수상쩍은 종파를 내세우는 자는 이 경우 논외로서 참으로 사람들은 이끄는 것을 목적으로 하는 종교의 교조가 되는 것이다.

사람들은 이러한 지도자를 살아있는 신이라고 부르든가 신의 의지 전도자라고 생각하지만, 그들에겐 그야말로 신의 뜻을 이 세상에서 실천코자 보내진 영이 깃들어져 있는 것이다.

그리하여 생존신 또는 전도자가 죽었을 때 그런 영은 영계로부터 한걸음 더 천계로 나아간다. 이런 영들은 이에 인류한테 또 다시 돌아오는 일이란 없고, 쉴새없이 우리들의 머리 위로부터 자애에 넘친 빛을 보내오는 것이다.

당신은 누구로 환생하는가?

지금 풀이한 것처럼 영혼은 진보, 성장하고 그것에 따라 사람도 또한 성장해 가는데, 이것엔 하나의 조건이 있다.

즉 각각의 영, 그리하여 그런 영이 깃든 인간이 수도를 진지하게 하는 것이 중요하다.

사람의 마음 속에는 '천사와 악마가 살고 있다'는 말이 있다. 그런 표현을 흉내 낸다면 사람의 마음 속에는 정진(精進)해야 한다는 생각과 게을리 하겠다는 생각이 있는 것이다.

아니 어느 쪽인가 하면 귀찮다는 느낌이 앞선다. 따라서 면학이나 수행 혹은 노력하는 일은 쉽지가 않다. 이러이러 해야 한다는 강한 결의가 없다면 좀처럼 스스로를 높이려고는 하지 않는다. 약간 이야기가 비약되지만 '이러이러 해야 한다'는 심정을 인간에게 심어주려 하는 게 종교이다.

나 자신이 무신앙인 것은 종교의 가르침을 받지 않아도 자기규제와 극기심, 그리하여 스스로를 닦는 노력을 할 수 있다고 믿고 있기 때문이지만, 그것이야 어쨌든 종교란 천계에 계신 절대적 존재, 신의 가르침을 전하는 것이다. 그러니까 인간이 보다 노력하는 것을 신이 바라고 있다는 것이다.

그러면 스스로를 높이려 하지 않는 이난, 혹은 영혼은 어떻게 될까? 현세에 있어선 눈에 보이든 보이지 않든 그 인간을 둘러싸는 환경은 시시각각으로 악화된다.

'가난하면 어리석어진다'는 말이 있다. 가난하면 잘못을 저지르기 쉬어진다는 식으로 해석하는 사람도 있을 테지만, 이것은 노력하지 않기 때문에 '마음이 가난해지고' 그 때문에 '모든 감성이 굼떠진다'고 해석해야만 하겠다.

감성이 굼떠지면 자기를 둘러싸는 환경이 나빠져도 조금도 깨닫지 못한다. 그리하여 깨달았을 때는 이미 어쩔 수 없는 상태에 빠져 있는 것이다.

'사람이 죽을 때 그 말은 좋다'고 하는 말도 있지만, 이는 죽음이라는 것을 냉정히 이해하고 있는 인간이어야 비로소 적용되는 말이다. 그런데 노력 않는 인간은 죽음의 직전에 이르러 갑자기 당황한다.

자기의 일생을 되돌아 보고 왜 지금까지 노력하지 않았는가? 어째서 한껏 사는 일에 온 힘을 기울이지 않았는가? 초조해 하는 것이다. 따라서 그러한 인간은 도저히 '좋은 말' 따위를 남길 수 없는 것이다.

삶에의 집착을 노골적으로 나타내고 살아 있으면서 지옥의 괴로움을 맛보는 것이다. 그럼 그 영혼은 어떻게 될까?

사람에게 사람으로서의 노력을 시키지 않았던 것은 그 영의 책임이지만, 그렇다고 영계에선 적극적인 벌을 받는 일은 없다. 그러나 영 자신이 게을렀던 몫만큼 영계에서의 수행을 다하려면 엄청나다. 따라서 그 영이 지상에 다시 돌아오기에 충분한 수행을 했다고 인정되기 까지는 오랜 시간이 걸린다.

말하자면 그와 같은 영은 영계에 있어서도 지상에 있어서도 수행하는 시간이 길어지고 그 몫만큼 윤회전생의 횟수가 줄고 상급령에도 승격하는 찬스가 줄고마는 것이다.

이 점은 인류의 진보와 더불어 생각한다면 이해가 잘 될 것이다. 인류는 자주 멸망의 핀치를 맞으면서도 가까스로 위기를 넘겨 왔다. 이것은 다른 생물로선 할 수 없는 일이다.

역사를 거슬러 올라가면 때때로 번영을 다한 생물은 많지만 그것들이 멸망하는 것도 극히 빠르다.

번영의 직후에는 죽음이 기다리고 있는 것이다. 그 점이 인류와 다른 생물과의 커다란 차이이지만, 이런 차가 왜 생기는가? 악한 영보다도 선한 영 쪽이 지상에 내려오는 기회가 많고 그것에 의해 인간이 노력을 거듭하므로 결국에 있어 아슬아슬한 국면에서 항상 재기할 수가 있는 것이다.

이렇게 생각하면 당신의 영이 후세에 어떠한 인간으로 환생될지 어느 정도 알 수 있을 것이다.

만일 당신이 게으른 인간이라면, 당신의 영은 오랫동안 영계에서 괴로운 수도를 계속해야 한다. 당신보다 노력을 한 인간의 영에 비교하면 훨씬 비참한 상태에 놓일 것이다.

더욱이 지상으로 다시 돌아오기 까지는 상당한 시간이 걸리고 윤회전생의 횟수도 적어지므로 진보의 정도 역시 낮은 것이 된다. 극단적으로 표현을 하면 당신의 게으름이 당신의 영을 계승하는 자의 불행을 가져 온다.

전세의 의지는 계승되는가?

'분사(憤死)'라는 말이 있다. 문자 그대로 분노한 채로 죽는 것이다. 어쨌든 자기 자신의 생각, 목적이 채워지지 않는 상태로 죽음의 길을 떠나는 것이다.

예를 들어 예술을 보자. 자기의 작품이 완성 직전인데 갑자기 죽음이 찾아온다. 혹은 그런 예술이 사람들에게 인정되기 전에 세상을 떠나야만 한다.

모처럼 사업 계획이 궤도에 올라 이제부터라고 할 때 말이다.

그렇건만 왜 죽어야만 하는가?

이렇듯 냉혹한 보답을 받아야만 하는가 하며 분함이 치미는 것은 당연한 이치라고 생각된다. 그러나 생각해 보자. 이 세상에서 모든 것을 완수하고 죽어갈 수 있는 사람이란 대체 몇 명이나 있을까?

어떠한 사람도 '다하지 못한 일은 없는가?' 하고 질문 받아 '없다'고 대답할 수는 없을 것이다.

하지만 개중에는 침착하게 죽음을 받아들이는 사람이 있는 것이다. 분노하는 사람과 차분히 받아들이는 사람과의 차이는 어디에 있을까?

분하게 여기는 사람은 죽음이 모든 것의 끝이라고 믿는 사람이고 조용히 받아들이는 사람은 내세와 환생, 윤회전생을 믿고 있는 것이다.

만일 이 세상과 같은 것은 아니라도 내세라는 것이 존재한다고 생각하면, 스스로의 목적을 계속해서 지니며 가질 수가 있다.

그 위에 스스로의 넋이 스스로의 의지를 계승할지 어떨지는 보증되어 있지는 않다. 아니 오히려, 이승에서의 의지가 내세를 통하여 그리고 다시 이승에 되돌아 왔을 때까지 존재할 가능성은 훨씬 적다.

그렇다면 스스로의 영혼과 개별성(個別性), 주체성이라는 게 상실된다고 생각해야만 할 것이다.

그러나 그렇다고 자기 존재가 상실되는 것은 아니다. 인간의 존재는 곧 우주의 존재와 동일하다고 생각하면 되는 것이다. 그리고 자기 넋의 수명은 우주의 수명과 같다고 믿을 수가 있으면 죽음에 즈음하여 분노할 필요는 전혀 없다.

그런데 한 인간의 의지가 계승될 가능성이 적다고 말했지만, 그것은 단기적으로 본 경우의 일이다. 단기란 어느 만큼의 세월이냐고 대답할 도리가 없지만, 어떤 인물의 넋이 이승에 다시 돌아오는 기간이라고 생각해도 좋다. 그러니까 1회째의 윤회전생 사이에선 예가 적은 것이다.

물론 드물게는 넋이 저승에 갈 겨를도 없을 만큼의 속도로 타인의 육체에 들어가는 일도 있지만 이것은 특수한 케이스이다.

많은 경우는 이승과 저승을 몇 번 왕복한 뒤에 계승된다고 생각되는 의지의 발로가 발견된다.

예를 들어 고대 장수의 환생이라고 생각되는 인물이 현재의 세상에 출현한다고 하는 따위이다.

물론 그것은 넋의 일이므로 갑옷으로 차려 입은 인물 그 자체가 모습을 나타내는 셈은 아니지만, 장수가 가진 성격은 거의 고스란히 계승되고 있는 것이다.

그런데 왜 단기간 중에 의지를 계속할 수가 없을까?

몇가지 이유가 생각되지만, 그 최대의 것은 동시대의 사람들이 그 밖에 살고 있다는 점, 그리하여 죽은 자에 대한 평가가 정해져 있지 않다는 점일 것이다.

예를 들어 본래 뛰어난 인물인데도 불구하고 타인의 평가 혹은 그 시대의 평가가 정확하지 않을 경우 그 인물의 넋이 이 세상에 다시 태어나도 바르게 평가되는 일은 없기 때문이다.

영계에서의 수행은 계승되는가?

영혼은 이 세상에선 '육체'의 속에 있고, 내세에선 '백지'의 상태로서 각각의 장소에 따른 수행을 한다.

이 수행의 결과는 어떠한 형태로 다음 대에 계승되어 갈까?

앞에서는 개인의 의지가 계승되어 가려면 시대를 초월한 만큼의 시간이 필요하다고 말했지만, 수행 결과는 윤회전생할 적마다 계승되는 것이라고 나는 생각한다. 그렇지가 않다면 수행은 그 의미가 없기 때문이다.

어떤 인물이 죽는다. 그 사람에 대한 평판이 좋고 나쁘다는 데 있어 반반이었다고 하겠다.

그의 영혼이 내세에 도달하고 영계에 들어가면 이승에서의 사건기록 혹은 경험은 거의 상실되고 만다. 말하자면 백지의 상태로 돌아가는데 '백지'란 무엇인가! 인간, 그리하여 영혼의 본래 있어야 할 모습인 것이다.

그렇다면 백지의 상태는 절대적으로 참이고 선이고 미(美)가 아니면 안된다는 것이다. 그는 곧 훼예포폄(毁譽褒貶)의 '예'와 '포'의 부분은 그 절대적 속에 덧붙여지는 것이 된다.

그러면 백지 상태의 영혼이 수행한다 하는 것은 참된 것, 선한 것, 미운 것을 더욱 덧붙인다는 것이다.

지금까지 진정한 의미로서 이해하지 못했던 것이 이해할 수 있게 된다. —이것은 참된 것에 보다 깊이 어프로우치 하는 것이다. 선이든 미이든 같은 일이고 이것들을 수행 중에 익힌 영혼이 지상에 돌아왔을 때는 그 깊숙한 내부에 수행의 기억이 깊이 남아 있는 것이다.

다만 표면상의 기억은 모두 상실되고 있으므로 통상의 상태로선 영계 수행의 일을 떠올리는 일은 없다.

그러나 만일 극한 상태에 놓였을 경우에는 깊은 곳에 있는 기억이 되살아나고 그 인물의 행동에 대해 크나큰 영향을 주게 된다. 예를 들어 선악의 판단에 의거하여 행동을 하고 있던 자가 그 잘못을 다시 반복되지 않게 된다.

왜 그렇게 되는가. 우주도 영계도 인간계도 어느 것이나 진보를 목적으로 하여 존재하는 세계이기 때문이다. 수행이란 이런 진보를 촉진하는 것이다.

한편 이 세계의 성립을 생각하면 플러스와 마이너스, 혹은 요철(凹凸)과 같은 에너지를 갖고 존재할 것이다.

블랙홀이 있는가 하면 화이트홀도 있다. 물질이 있으면 반물질도 있는 셈이다. 그렇다면 진보를 목표하는 우주에 대해 퇴보를 가져 오는 세계가 있어야 한다.

그것은 무엇인가? 지옥이다. 만일 선악의 양, 진보와 퇴보의 양을 높이로 잰다면, 진보가 보다 높아지면 그만큼 지옥의 바닥은 깊어져 간다.

지옥에도 윤회전생은 있는가?

지옥에 관해선 이미 말했지만, 그럼 지옥에 떨어진 인간에게도 윤회전생이 있는가?

지옥의 양상을 보건대 그곳엔 미래영겁(永劫)으로 이어지는 괴로움을 받는 넋이 있다. 그러니까 지옥에서 영원히 탈출하는 자가 없는 것처럼 보이지만 그렇지가 않다.

개중에는 그런 지옥에서 빠져나와 이승에 되돌아오는 자가 있는 것이다.

하나는 지옥의 상층, 말을 바꾼다면 범한 죄가 비교적 가볍고 반성의 빛이 명백한 영혼들의 그룹이다.

그들은 영계에 있어서 보다도 훨씬 엄한 수행〔속죄의 의미가 강하지만〕을 강요되므로 사고방식에 따라선 영계의 사람들을 웃도는 인격(영격)을 형성하고 있을 가능성도 있다.

이런 사람들은 신의 지시에 의해 지상에 내려오고 인간으로써 새로운 제1보를 내딛는 것이다.

다만 그들 마음의 깊은 부분에는 극히 조금이나마 지옥에서 받는 벌에 대한 기억이 남아 있고, 그것이 그 자신의 갖가지의 영향을 주는 일은 확실하다.

예를 들어 매저키스 틱〔피학대증〕한 성격을 가진 사람이 있지만, 이는 지옥의 고문 속에서 고통이 쾌감으로 바뀐 것의 후유증이라고 생각해도 좋다.

또 잔혹한 광경에 직면해도 의외로 잘 견뎌내는 사람이 있다.

많은 사람은 자기가 감지할 수 있는 한계를 넘은 자극에 대해 반응할 수 없기 때문에 경직(硬直)상태가 되어 버리는데, 그러는 한편 지옥에서 이미 잔혹성에 익숙해진 사람도 있는 것이다.

이런 사람들이 이 세상에 돌아왔을 때는 이를테면 특수한 직업에 종사하는 일이 많다. 예컨대 사람과 사람이 서로 죽이는 전생과 같은 상황 속에서 정확한 판단을 내리자면 잠재적이던 과거의 경험이 크게 도움이 되는 것이다.

또 지옥의 괴로움을 당하면서도 거의 반성의 빛을 보이지 않았던 자로, 신의 명에 의해 혼이 이 세상에 되돌려진 자도 있다.

이 세상에서 결코 쓸모가 없는 이런 자를 왜 되돌려 보낼 필요가 있을까?

반면(反面)교사라는 말이 있다. 남의 행동을 보고서 내 행동을 고치라는 말도 있지만, 이들 지옥으로부터 귀환한 자는 선악의 기준을 정하는 중요한 지표가 되는 것이다. 만일 이세상이 완전한 선에 의해 지배되고만다면 어떻게 되겠는가?

아마도 세상의 진보는 딱 멈추어지고 언젠가 인류는 멸망의 길을 걷기 시작하리라.

사물의 진보는 정과 반의 상극을 극복함으로써 비로소 가능한 것이므로 모든 게 선으로 채워지고 모든 분쟁이 없어진다면, 이미 진보의 여지는 없어지는 것이다.

이런 점을 자각시키는 자, 그것이 지옥으로부터 되돌려진 자이다.

그 위에 극히 소수이긴 하지만 지옥의 그물을 피하여 이 세상에 되돌아 오는 자도 있다.

그들은 이 세상에 공헌한 목적 따위는 일체 갖지 못하는 존재이므로 다만 악을 저지를 뿐이다.

범죄 사상에 남는 흉악 범죄자가 이런 류의 자이다.

그럼, 그들은 이 세상에서 생을 마친 뒤 어디로 갈까?

제1의— 개전의 정이 두드러진 자는 보통의 사람들과 마찬가지로 영계에의 길을 나아가고 영계에 있어서의 시험에만 합격하면 영인으로서의 길을 나아갈 수 있다.

제2의— 선악의 기준이 되고자 이 세상에 보내져 오는 자는 죽음으로써 일단 소임을 다한 것으로 여겨져 다시 저 가혹한 지옥에로 떨어지는 것이다.

제3도 마찬가지로 지옥에 되돌려지지만, 이런 자는 지옥의 법망을 교묘하게 빠져나왔다는 죄를 범하고 있으므로 두 번 다시 그런 행위를 할 수 없는 그야말로 지옥의 속의 속, 사방이 철벽으로 둘러싸인 장소에 감금되는 것이다.

인간의 수명은 왜 늘었는가?

일찍이 인생 50이라고 했었는데 최근의 수명 연장은 두드러진다. 이것에는 의학의 진보, 생활환경의 향상 등 갖가지의 요소가 관계되고 있지만 개인의 수명을 생각하면 온갖 케이스가 있다.

어떤 자는 태어나자마자 곧 죽고, 또 어떤 자는 100세 이상의 수명을 얻지만, 이러한 수명의 차는 왜 생기는가? 그것은 신의 타임 스케쥴에 따르고 있기 때문이다.

그럼 신은 어떠한 근거로서 사람의 수명을 정할까? 그 영이 이 세상에서 어떠한 수행을 해야 할지가 수명 측정의 기준이 되는 것이다.

어떤 천재 예술가가 있다고 하자. 젊었을 무렵부터 두각을 나타내고 홀연 뛰어난 작품을 창조한다. 사람들은 놀라운 그 재능에 경탄하고 대체 앞으로 얼마만큼 위대한 예술가로써 성장될까 하며 크나큰 기대를 한다. 그런데 돌연 죽음이 젊은 예술가를 습격한다.

"아깝게도 하늘이 준 재능을 잃는 것은 참으로 유감이다."고 많은 사람들은 그 죽음을 애도하겠지만, 이는 신이 정한 일이다. 아니, 신이 정한 일로서 체념하라고 하는 것은 아니다.

신이 그에 대해 짧은 기간으로 수행을 마치는 것을 바랐기 때문이다.

'만일',이라는 가정은 있을 수 없지만 만일에 그 예술가가 신의 예정표에서 누락되어 이 세상의 삶을 유지했다고 하자.

그의 예술적 재능은 금방 시들어 버리고 메말라 죽을 뿐이다. 한편 '부질없이 나이만 먹고 있는 게 아닌가'하는 소리를 듣는 사람도 있다. 그저 장수하고 있을 뿐으로서 아무런 가치도 없다며 방해자 취급을 당하는 사람이다.

하지만 그런 수명도 또한 어디까지나 신이 준 명이다. 말하자면 이 세상에서 오래 살지 않으면 안될 수행을 그는 명받고 있다는 것이다.

돌이켜 평균 수명의 연장에 관해 말해 보자. 수명이 는다고 하는 것은 생명에 관한 신의 예정표가 전체적으로 늘었다는 것이지만, 이것에는 어떠한 의미가 있을까?

한가지는 이 세상에서 사람들이 해야만 할 수행이 복잡하고 다양해졌기 때문이다.

먼 옛날로 생각을 날려 보라. 예를 들어 고대에서 사람들의 목적은 무엇이었을까? 생명을 유지하고 새로운 생명을 만들어내며, 이 세상에서 인류가 번영하는 기반을 만드는 일이었다.

당시의 평균 수명은 아마도 길어야 30살 쯤이겠지만, 어쨌든 다음 대를 걸머질 새로운 생명과 자손을 남기는 일로 이 세상에서의 그들 소임과 수행은 끝났던 것이다.

'전국시대'는 어떠 했을까?

사람들은 전쟁으로 지새고 많은 생명을 빼앗기는 살벌한 시대이긴 했지만, 아런 전쟁은 다음 세대를 맞기 위한 변혁을 가져 왔다. 말하자면 전국시대의 사람들 소임과 수행은 싸우는 일이고 싸움을 지탱하는 일이었던 것이다.

이와 같이 보면 낡은 시대에는 인간이 해야만 되었던 것은 비교적 단순한 행위였고, 그것을 달성하는 시간은 지금보다 짧아도 되었던 것이다.

그런데 현대는 어떤가?

사람들 주위에는 해야 할 일이 산적하고 있을 뿐 아니라 그것들은 어느 것이나 복잡하게 얽혀 있다. 한가닥의 실을 뽑아내기 위해 숱한 매듭을 풀어야 하는 것이다.

또 그런 매듭을 풀기 위해선 먼저 방대한 정보를 수집하고 분석한다는 작업을 해야 한다.

그런 작업을 돕기 위해 컴퓨터가 개발되고 일취월장의 기세로 보다 고도의 장치가 만들어지고 있다. 사람들은 그것을 보고 오르지 편리해졌다고 생각하지만, 실은 그렇지가 않다.

그런 기기(機器)가 없다면 인간은 정보를 얻을 뿐으로서 그로부터 앞으로는 한걸음도 나아가지 못한다고 하는 위기적 상황에 몰리고 만다는 것이다. 그야말로 필요는 발명의 어머니인 셈이다.

이런 상황 속에서는 사람은 되도록 오래 살아야 한다. 오래 살게 됨으로써 복합된 일을 처리한다—곧 인간으로서의 수행을 쌓을 수가 있다. 이것이 신의 예정표가 늘어난 최대의 원인이다.

흉악범죄는 왜 일어나는가?

신문 사회면에 중학생이 양친과 조모를 살해했다는 아주 쇼킹한 사건이 보도되었다.

이 사건을 어떻게 해석하는가, 몇가지의 사고방식이 있다. 내가 지금까지 풀이해 온 논리를 적용한다면, 그에게 특수한 영이 뒤집어 씌어졌다는 견해도 있겠다. 좀더 말하면, 그의 체내에 존재하는 영은 지옥의 그물눈을 피한 자일지도 모른다.

사회학자의 눈으로 보면 가족의 유대감 상실이라는 것이 되겠다. 끊이지 않고 잇대어 온 세대를 결부하는 혈족의식 혹은 연대의식이 상실된 결과라는 셈이다.

하지만 그것만으로선 사건의 본질을 볼 수 없다.

사람을 태연히 살해하는 자는 스스로의 생명도 이 세상에서밖에 존재 않는다고 생각하는 것이다.

이 소년은 어버이를 죽인 뒤에 자살을 생각했다. 죽으면 모든 게 끝이라고 하는 생각이 있기만 하면, 무서운 것은 아무것도 없다. 이런 생각이 그를 그와 같은 행동으로 달리게 했던 것이다.

그가 만일 내세 혹은 영계의 존재에 생각을 달리했다면, 또 인과응보에 관해 생각할 수가 있다면, 나아가서 지옥의 모습을 아는 기회를 얻을 수가 있었다면 아마도 그 범행은 일으키지 않을 수 있었던 게 아닐까?

인간의 생명은 영속하는 것이라 생각지 않고 또 여차하면 '내 멋대로'이고 '좋을대로'하는 '자기주의'만을 주장하는 일이 현대의 병소를 비대화시키고 있는 것이다.

이러한 생활을 깨는 데에는 영계나 지옥의 존재를 눈앞에 제시하는 일이 빠른 길이지만, 불행히도 이런 세계는 지금 곧 눈앞에 가져다가 보여 줄 수 있는 게 아니다. 그러한 세계를 일반 사람들이 알기 위해서는 실제로 죽음을 체험하러 그곳에 가든가 죽음에 가까운 체험을 맛볼 수 밖에 없는 것이다.

이는 생각해 보면 인류의 불행이라 하잖을 수 없다. 만일 사전에 알 수가 있다면 인간은 현재보다 훨씬 뛰어난 존재가 될 수 있겠다.

그러나 이것도 또한 영계의 더욱 위에 있는 천계에 계신 절대자의 의지로써 차분히 받아 들어야 한다. 영계나 지옥을 실체로써 아는 일은 인간의 영역을 넘는 것이라고 절대자인 신은 생각하고 있을 것이다.

그러나 어찌 됐든 인간은 스스로의 이미지를 넓히고 논리를 전개할 수는 있다. 이런 능력을 최대한으로 활용하고 또한 선인들을 알게 됨으로써 전우주에 걸친 시스템 '인과응보', '윤회전생'을 이해하면, 그와 같은 범죄를 범하는 청소년의 출현을 막을 수가 있겠다.

단테의 《신곡》에서 보는 지옥

지옥이라는 개념은 세계 각국에 공통으로 존재한다.

천국이 높은 위치에 있는 것도 세계 공통이라면 지옥도 땅속에 있다고 누구나가 생각한다.

아니 생각하는 게 아니고 '사실 그러하다'고 주장하는 자도 있다. 누구인가는 나중에 말하기로 하고 서구에 있어서의 지옥 개념의 대표적인 것으로는 단테가 《신곡 지옥편》에서 기술한 것이라고 한다.

단테는 14세기의 인물이지만 타인에게 모함되어 비참한 일생을 살면서 이 책을 썼다고 한다. 따라서 당시의 사회에 대한 통렬한 비판을 배경으로 하고 있지만, 그 글의 문학적 가치는 높고 '인류가 만든 최고의 것'이라고 까지 칭찬했다.

단테의 《신곡》은 〈지옥편〉외에 〈연옥편〉, 〈천국편〉으로 구성되고 있는데 도대체 단테의 지옥이란 어떤 것일까?

지옥은 제1옥부터 제9옥까지 있고, 인간이 범한 죄에 의해 떨어지는 지옥이 정해진다고 한다.

△ 제1옥(기독교에 입신하지 않은 자의 지옥)

세례를 받지 않은 자, 혹은 이교도가 떨어지는 곳이지만 기본적으로는 죄악과 무관계이기 때문에 마음을 회개하면 천국에 갈 수가 있다.

△ 제2옥(성의 노예가 된 자의 지옥)

성욕에 지고서 음란한 생활을 일삼은 자가 떨어지는 곳이며 멀리 클레오파트라, 카사노바, 돈·조반니 등의 모습을 볼 수 있다.

△ 제3옥(미신의 노예가 된 자의 지옥)

사람들이 굶주려 괴로워하고 있을 때 혼자 미식, 포식을 즐긴 자가 떨어진다. 로마의 귀족들을 볼 수 있다.

△ 제4옥(욕심많은 자의 지옥)

인색하게 돈을 모으거나 흥청망청 돈을 쓰고 금전의 가치를 잘못 인식한 자가 떨어지는 세계.

△ 제5옥(노여움의 감정을 억제하지 못하는 자의 지옥)

증오나 분노를 이성으로 커버하시 못하고 폭력을 휘두르든가 한 자를 볼 수 있다.

△ 제6옥(이단자의 세계)

기독교 이외의 종교를 믿고 기독교에 적대하는 자들이 떨어진다.

△ 제7옥(폭력을 즐기고 야수성을 가진 자의 세계)

해적, 살인자, 자살자, 동성 연애자의 모습 등을 볼 수 있다.

△ 제8옥(배신자의 세계)

남의 신뢰를 저버리든가 사기를 하는 자, 요술쟁이, 뇌물을 받는 관리 등이 떨어진다.

△ 제9옥(특별한 신뢰를 저버린 자의 세계)

부모형제, 조국, 우정, 은인을 배신한 자가 떨어지는 세계

《신곡》은 단테의 분식(分身)이 3개의 세계를 순례하는 형식으로 구성되고 있지만, 〈지옥편〉에선 가혹한 벌이 가해지고 있는 광경을 목격한다.

또한 단테 자신이 일찍이 자기를 모함한 자에 대해 복수를 하는 장면도 있다.

〔역주〕 단테의 〈지옥편〉에서 주목할 것은 지옥을 9분류하고 있다는 점이다. 아홉이란 숫자는 중국인이 즐겨 사용하는 '최대수'를 나타내는 말이다. 서양과 동양이 수 개념에 있어 같은 것일까?

중국에선 예를 들어 하늘의 높이를 '구만리', '구천'이라고 표현한다. 불교에도 이것이 도입되어 '구자(九字)', '구상(九想)'이 있다.

'구자'는 연신 손바닥을 합치든가 떼든가 하며 손가락을 운동시키면서 '다라니"를 외우는 것이다.

요컨대 이것은 사신(邪神)을 파하는 것과 격파되는 것을 좌우의 손으로 상징하여 인(印)을 만들어 보이는 것이다.

또 '구상'은 사람이 죽고 나서 단계를 거쳐 아홉가지 색깔로 바뀌어 가는 것을 응시하는 것이다.

제1은 '신사상(新死想)'이다. 새로이 죽은 사람을 생각하는 것,

제2는 '팽창'으로서 죽은 사람의 배가 부푸는 것.

제3은 ‘청어’로서 검푸르게 변색되는 것.

제4는 ‘방진’으로서 시체가 부패하여 체내의 혈액이나 체액이 사방으로 흩어지고 티끌로 화하는 것.

제5는 ‘방란’으로서 사방팔방으로 뼈가 흩어지는 것.

제6은 ‘소골유련’으로서 뼈가 흩어지면서 주요 부분은 아직도 연결된 모습.

제7은 ‘백골련’으로서 완전히 흩어져 희게 표백되고 마치 꽃과 같이 되는 것.

제8은 ‘백골리’로서 이어져 있는 백골도 완전히 분리된다.

제9는 ‘성회’로서 재가되고 사인이 하나의 추억이 된다는 것이다.

불전에 나타난 지옥 세계

단테가 그린 지옥은 서양적 발상이다. 동양적 지옥 개념은 역시 불교의 영향이 크다고 생각된다.

샤머니즘으로 일컫는 무속 신앙, 도교 사상에도 불교의 색채가 강하게 풍기고 있는 게 사실이다.

불전에 의하면 지옥은 8대 열지옥과 8대 한지옥으로 구성되어 있다.

8대 열지옥

① 등활지옥 : 살생한 자가 떨어지는 지옥.

② 흑승지옥 : 도둑질을 한 자가 가는 지옥.

③ 중합지옥 : 육욕(성욕)에 빠진 자가 가는 지옥.

④ 규환지옥 : 술을 많이 마신 자가 가는 지옥.

⑤ 대규환지옥 : 거짓말을 한 자가 가는 지옥.

⑥ 초열지옥 : 불교의 가르침을 믿지 않는 자가 떨어지는 지옥.

⑦ 대초열지옥 : 여승 등 계율을 지키고 있는 사람을 범한 자가 가는 지옥.

⑧ 아비지옥 : 부모 살인, 승려 살인, 불상을 부수거나 불교의 조직을 어지럽힌 자 등이 떨어지는 지옥

8대 한지옥

① 알부타지옥 : 너무도 추워 몸에 좁쌀처럼 기포가 생긴다는 지옥.

② 나차부타 지옥

③ 알다타지옥 : 너무도 추워 괴상한 소리를 지른다는 지옥.

④ 확확파지옥 : 빙산이 물결치듯이 있는 지옥.

⑤ 호호파지옥

⑥ 올발라지옥

⑦ 발특마지옥

⑧ 마하발특마 지옥

이런 지옥에는 네 개의 문이 있고, 각각 4개의 부지옥이며 작은 지옥이 딸려 있으므로 계 272의 지옥이 존재한다.〔사자는 10만억토의 거리에 있는 저승길을 가는데 '삼도천'을 건넌다.

죽은자는 누구나 이 천을 건너야 한다. 내에는 악어들이 우굴거리며, 저승도 지구의 인구 폭발과 마찬가지로 요즘에는 만원이므로 나룻배 가득 영을 실어나른다.

이런 고통 지옥을 가까스로 건넜다 싶으면 노파가 기다리고 있다가 사자의 옷을 뺏는다.

이때 지옥의 사자가 이들을 각각 인솔하고 염라대왕 앞으로 끌고가서 죄의 심판을 받도록 하는 것이다.

부지옥을 몇 개 예를 든다면,

① 당외부지옥 : 당외(뜨거운 재)가 깔려 있는 지옥.

② 시분부지옥 : 송장이나 분뇨가 수렁처럼 되어 있는 지옥.

③ 봉인부지옥 : 검이 솔처럼 지면에 꽂혀 있고 시체의 살을 뜯어먹는 까마귀나 이리떼가 살고 있다.

④ 열하부지옥 : 펄펄 끓는 물이 흐르고 있는 곳이다.

8대 열지옥에서의 아비규환

지옥에 대해선 열지옥과 한지옥이 있다고 했는데, 한지옥에 대해선 왠지 충분한 해설이 되어 있지 않다. 그래서 지옥하면 '열지옥'이라고 일반적으로 알려져 있는 것 같다. 지옥을 나타낸 그림에도 불길이나 연기만이 그려져 있는 것도 이 때문이다.

그런 열지옥의 양상을 좀더 자세히 설명하겠다.

• 등활지옥(等活地獄):'등활'이란 몸이 산산조각이 나도록 형벌을 받아도 또다시 살아나고 미래 영겁에 걸쳐 형벌을 받는다는 의미이다.

이런 지옥에 떨어지는 것은 살생의 죄를 범한 자인데, 그들은 자기가 저지른 방법과 똑같은 방법으로 고통을 겪어야 한다. 만일 사람을 칼로 베어 죽였다면 똑같이 칼로 난도질을 당한다.

독살했다면 역시 독약을 먹고서 고통으로 배를 움켜잡고 몸부림을 치게 된다. 더욱이 죽는 편이 차라리 낫다고 생각되는데 똑같은 고통을 수천, 수만번 반복하여 당해야 한다.

지옥부터는 여기 저기서 '제발 죽여 주세요'하는 비명으로 가득 찼다고 한다.

• 흑승지옥(黑繩地獄):'흑승'이란 뜨겁게 불에 달구어진 쇠사슬이다. 이 지옥에 떨어진 자는 작열한 쇠 널빤지 위에 눕어진다. 이어 불에 달린 사슬 곧 흑승으로 온몸을 닥치는 대로 매질한다.

사살을 맞은 개나 소는 순간적으로 불에 타서 문드러지고 주위에는 살이 타는 냄새로 충만하다. 흑승을 맞는 동안 인간 통구이와 같은 상태가 되지만, 그것만으로서 끝나지 않는다.

새빨갛게 달군 도끼, 톱 따위로 토막토막 잘리고 다져지는 것이다.

더욱이 그 만큼의 고통을 맛보아도 죄인은 죽음이라는 안락한 휴식을 택할 수가 없다. 시간의 흐름이 계속되는 한 한시도 쉬지 않고 그들은 고통을 겪어야만 하는 것이다.

• 중합지옥(衆合地獄):스스로의 욕정이 내키는 대로 불륜의 성관계를 맺은 자는 칼날 모양의 잎사귀를 단 나무들이 있는 숲속으로 몰아 넣어진다. 나무를 올려다 보면 아름다운 여인이 요염하게 웃으며 죄인을 손짓해 부른다. 죄인은 격렬하게 욕정하고 나무를 기어오르지만 칼날처럼 된 잎사귀가 그 살갗을 찌르고 베고 피를 흘리게 만든다. 그런데 나무 꼭대기에 이르면 어느덧 여인의 모습은 사라지고 없는 것이다.

아래를 굽어보았더니 그녀는 어느덧 은밀한 곳까지 노출시키면서 나무 아래에서 손짓하고 있는 것이다. 죄인은 몇 그루의 나무를 오르내리는 사이 온몸에는 피가 난자하게 흐르고 상처 투성이가 되는 것이다.

이런 중합지옥 옆에는 '다고뇌지옥'이라 불리는 특수한 지옥이 있다.

여기는 동성연애에 빠진 자가 떨어지는 곳으로서 생전에 관계를 맺은 자의 모습을 발견하고 뒤쫓아 가면 온몸이 불길과 같은 고온으로 싸이고, 상대편을 끌어안게 되면 온몸이 산산조각으로 터져 흩어진다고 한다.

남의 아내와 불륜 관계를 맺든가 애인 관계를 맺은 자도 역시 특별한 지옥에 떨어지고 온몸이 불타고 만다.

• 규환지옥(叫喚地獄) : 불교의 오계(五戒) 하나로 '불음주계'라는 게 있다. 술을 마시고 수행을 게을리 하는 것을 금하는 것인데, 이런 계율을 깬 자는 이 지옥에 떨어진다고 한다.

지옥에는 옥졸이 기다리고 있다가 죄인은 쇠몽둥이로 두들기고 그 위에 펄펄 끓는 가마솥에 던져진다. 죄인은 큰소리로 울부짖지만 누구도 그 비명에 거들떠보지 않는다.

• 대규환지옥 : 혓바닥을 뽑는 염라대왕이 있는 곳이다. 거짓말로 타인을 현혹시킨 자는 불에 달군 집게로 혓바닥을 뽑힌다. 그때의 고통은 글로서 다 표현할 수 없지만, 뽑힌 직후에 또 새로운 혀가 생긴다. 그야말로 '혀가 둘 있는' 셈인데, 번째의 것이 뽑히면 다시 세번째로 끝없이 형벌이 계속된다. 그리

고 '대규환'이란 규환이 갑절의 괴로움이라는 뜻이다.

〔역주:불교에선 '3업'이라 하여 몸·입·뜻(마음)에 의한 세 가지 행위를 들고 있다. 이런 3업에 의한 죄는 다시 '10악'으로 분류되는데 곧 살생·투도(도둑질)·사음(정상적이 아닌 간음)은 몸(육체)이 일으키는 죄악이다. 다음으로 입이 일으키는 죄악은 가장 많은데 곧 망어(망년된 말)·기어(터무니 없는 말)·양설(두혓바닥·이말 저말 하는 것)·악구(욕설). 끝으로 마음에 의한 죄악으로 곧 탐욕·진에(분노)·우치(어리석음). 이것으로 거짓말의 죄가 얼마나 무겁다는 것을 알 수 있으리라.〕

• 초열지옥(焦熱地獄):불교의 5계는 살생·도둑·사음·음주·망어인데 그것들을 어겼을 뿐 아니라 불교의 공리인 '제행무상'을 부정하는 자가 보내지는 지옥이다. 주위 일대가 불바다이다. 죄인은 온몸을 통구이 될 뿐 아니라 새빨갛게 달군 쇠꼬챙이로 항문부터 머리까지 꿰뚫려 내부로 부터도 불태워지는 것이다.

• 대초열지옥:여승이나 경건한 여신도에게 성적 폭행을 가한 자는 명렬한 불길 속에서 데워지고 말지만, 그 화력은 초열지옥 따위에는 미치지를 못한다. 예를 든다면 초열지옥이 촛불이라면 대초열 지옥은 원자 폭탄이 폭발할 때의 중심 온도라고나 할까.

• 아비지옥(阿鼻地獄) : 진지한 불교도에 대해 해를 가하는 자가 떨어지는 지옥이다. 불교에서 가장 무거운 죄는 '오역죄'라고 불리는 '아버지 살인, 어머니 살인, 승려 살인, 부처에 대한 모독, 불교 교단의 평화를 어지럽히는 일'과 대승불교를 욕하는 '비방대승'이다.

이 지옥은 일명 무간지옥(無間地獄)이라고 불리우며, 열지옥의 가장 깊은 곳, 나락(奈落)에 위치한다. 말하자면 지옥 중에서도 최악의 장소이기 때문에 그 고통은 앞의 7지옥의 그것을 합계한 것 보다도 가혹하다.

인간이 상상할 수 있는 고통의 전부가 주어지는 것이다.

발밑에는 시체가 겹겹이 쌓이고 악취가 넘치고 있다. 시체로부터는 숱한 구더기들이 기어나와 움실거리고 죄인의 입이고 눈이고 코이고 온갖 구멍으로 기어 들어오는 것이다.

이상은 불전에 설명된 열지옥의 양상인데 이는 결코 상상의 산물은 아니다. 오랜 불교 역사상 깨달음을 얻은 고승들이 증언한 것이다. 그러니까 고승들은 좌선하면서 유체이탈을 하고 실제로 지옥을 견학하고 돌아오는 일도 있는 것이다.

왜냐하면 도저히 상상이나 전승만이라고 생각되지 않는 리얼리티를 느끼게 하기 때문이다.

그리고 불교의 고승 중에는 명상에 잠길 때 뇌파를 평탄하게 하는, 즉 뇌사의 상태에 스스로를 둘 수가 있는 사람이 있다. 이런 때 아마도 유체이탈을 꾀하고 5차원의 세계를 견문하고 있을 것이다.

지옥을 목격한 사나이

단테의 《신곡》이나 《불전》은 반드시 공상의 세계라 할 수 없는 리얼리티가 있지만, 그러나 현실로 지옥을 방문한 것을 명백히 선언하고 있는 셈은 아니다.

그런데 스웨덴보그는 유체이탈, 그리하여 유체비행에 의해 지옥을 방문한 것을 분명히 선언하고 있다.

스웨덴보그는 스웨덴의 웁사라 대학을 졸업한 뒤 광산 기사가 되었고, 다시 귀족원 의원이 된 사람이지만, 과학자·수학자로써 수많은 업적을 남겼으며 특히《나는 영계를 보고 왔다》라는 불후의 명저를 남겼다.(한국어판 서음미디어에서 간행)

예를 들어 잠수함이나 비행기 등의 실용화에 관해선 그의 공적없이는 이야기할 수 없다고 일컬어질 정도이다.

또한 그의 위대성을 테에마로 하여 괴테는《파우스트》를 썼다고 한다. 영계 연구자로서는 이를테면 바이블과도 같은 존재인《영계저술》전 10권을 썼다.

스웨덴보그가 유체비행에 의해 견문한 영계를 그린 것이지만, 그 중의 지옥계에 관한 기술을 알아보자.

지옥계는 정령계로 부터의 길이 통하고 있다.

정령계에 있고 지옥에 가도록 심판이 내려진 자는 이 통로를 지나 지옥으로 보내진다. 통로는 어두운 구멍이고 긴 계단을 내려 간다. 이 통로에 들어간 자는 지저(地底)로 떨어져 가는 공포감을 느낀다.

그럭저럭 계단이 끝나고 평평한 곳에 내려선다. 사방 가득 안개에 싸여 있는 것만 같아 주위의 상황이 분명하지 않지만, 이윽고 흐릿한 빛이 보인다. 스웨덴보그는 이런 빛을 목표삼아 걸어 간다.

얼마쯤 가려니까 그곳이 이승의 세계와 다름없는 모습을 하고 있음을 알게 된다. 산이며 강, 나무들, 그리하여 거리나 인가도 있는 것이다. 그러나 뭐라 말할 수 없는 고약한 냄새, 그리고 악의에 넘쳐 있는 것만 같은 분위기가 소리없이 밀려온다.

그가 등골에 오싹함을 느껴가며 길 모퉁이에 서 있으려니까 돌연 한 건물에서 사람의 모습을 한 생물이 뛰어나온다. 하지만 그 얼굴을 똑바로 볼 수 없을 만큼 추악하고 난폭한 기색을 띄고 있었다.

그 생물을 따라 여기저기서 역시 추악하기 그지없는 생물이 뛰어 나온다.

아니, 생물처럼 보이지만, 이것들은 지옥에 보내진 악령이다.

악령들은 맨 먼저 뛰어나온 악령에 덤벼들자 돌이나 몽둥이로 때려뉘이고 마침내는 몸을 갈기갈기 찢었다. 더욱이 그 몸의 일부를 으쩍으쩍 씹어먹는 자도 있는 것이다.

눈을 크게 뜨고서 살펴 보았더니 이것은 한 곳에서만 벌어지는 일이 아니다. 거리의 여기저기, 건물 안에서도 똑같은 광경이 벌어지고 있는 것이다.

스웨덴보그는 더욱 안을 향해 걸어간다. 거기서 본 것은 그야말로 지옥 풍경이었다. 서로간의 증오가 격렬하게 맞부닥치고 있는 것이다.

거의 소리 없는 세계인 데도 불구하고 그들의 고함이나 거칠은 숨결이 스웨덴보그의 마음에 감지되었다. 일체의 구원이 없고 다만 서로가 상처를 줄 뿐이다. 하지만 이는 신이 내린 벌은 아니다.

인간 존재의 소유하는 온갖 사악한 것이 모여 하나의 세계를 형성하고 있는 것이다. 멀리 어렴풋이 보이는 것은 희미하게 비추는 천계의 빛인지도 모른다. 그러나 지옥계의 생활자들은 누구 하나 그 빛을 올려다보려고도 하지 않는 것이다.

신은 아마도 악은 악끼리 싸우고 죄를 소멸코자 생각했을지도 모른다. 그러나 악으로써 악을 제압할 수 있을 만큼 인간이 갖는 사악함은 만만한 게 아니다.

스웨덴보그는 거리에서 나온다. 거리 밖의 들에는 악귀와 괴수, 요물이 무리짓고 도시에서 나온 악령들과 처참한 싸움을 벌이고 있다.

발밑은 어떤가 하면 시체가 즐비한데, 그런데도 악령이나 악귀들은 살고 있는 것이다. 죽음에 이를 만큼의 타격을 받았는데도 죽어 진멸되지 않는 모습은 이세상의 악에 멸망이 없음을 상징하고 있는지도 모른다.

제 6부

죽어도 구원되지 않는 공포

사후세계 체험 보고

전세계 수수께끼 = 사후세계란?

인간은 죽으면 '저 세상'으로 간다…….

과연 '저 세상'이라는 것이 어디메쯤 존재하는가?

저 세상, 소위 사후의 세계에 대한 의문은 인류가 탄생하고부터 현재에 이르기까지 전세계 공통의 수수께끼로서 취급되어 온 미해결의 수수께끼이다.

저 세상에 대한 인식은 일반적으로 알려진 바로는 '사후에도 별세계(別世界)에서 새로운 생활은 계속된다'라는 신화적 사상위에 성립되어 있다.

이 사고방식에는 여러 가지 양상이 있는 것의 기본적인 데에서는 역시 전세계가 공통되어 있다. 그러나 문명이 발달함에 따라서 '사후의 존재는 없다'고 하는 사고방식이 강해져서 현대에서는 사후를 허무적으로 취급하는 사람도 많아졌다.

어느 쪽이 옳은가…… 그것은 사실, 현세에서 살고 있는 인간으로서는 누구도 모르는 일이다.

그러나 사후의 존재는 없다고 하는 논의(論議)의 태반이 아직 막연한 기반 위에서 논의되고 있음에 비해 저 세상=사후의 세계에 대한 보고는 수없이 많은 체험 예를 배경으로 하여 논하고 있는 것이다.

그것은 고대의 《사자(死者)의 글》에서 현재의 근이사(近以死)체험자까지 시대·식자(識者)·대중·지역 등에 관계없이 여러 가지로 말하고 있다.

이만큼의 보고가 되어 있는 이상 사후의 세계는 존재한다고 해도 이상할 것은 없다.

그들이 체험한 세계가 진짜 사후의 세계인지 어떤지, 우선은 그 수수께끼, 신비적인 체험 보고를 통해 알아보도록 한다.

고전(古典)에서 보는 사후세계

일본에서 처음으로 사후세계를 보고한 책으로서 남겨져 있는 것으로 《일본영이기(日本靈異記)》라는 것이 있다.

이 책은 불교사상의 영향을 농후하게 받은 것으로서 그 가운데에 명토전승(冥土傳承)이라 하여 사후세계를 엿본 뒤에 소생했다는 사람〔니어 데스〕의 이야기나 지옥 실화로서 저 세상을 말한 이야기가 13편쯤 실려 있다.

이 책은 상권 35화(話), 중권 42화(話), 하권 39화(話), 합계 116화로 된 가장 오래된 설화집이다. 그런데 놀라운 일은 그 1할 정도의 설화가 사후세계에 관계되는 이야기들인 것이다.

설화의 상권 30화에 다음과 같은 사후세계의 보고가 기록되어 있다.

보고자는 풍전(豊前)의 나라 수도〔지금의 교또〕의 관리였다. 연대는 서기 705년. 그 해의 9월 15일에 보고자 히로쿠니(廣國)가 죽었는데 그로부터 3일 후, 9월 17일 저녁 때에 생란하여 사후의 체험을 다음과 같이 이야기 했다.

—내가 죽자 곧 두 사람의 사자가 맞으러 왔습니다. 한 사람은 상투 머리를 한 어른, 또 한 사람은 동자였습니다. 그 두 사람에게 이끌려 100리쯤 가자 도중에 큰 강이 나타났습니다. 거기에는 황금으로 장식된 다리가 놓여 있었으며 그 다리를 건너자 거기에는 편안하고 아늑한 나라가 있었습니다.

"여기는 무슨 나라입니까?"

하고 사자에게 물었더니, 사자는,

"도남(渡南)의 나라다."

라고 대답해 주었습니다.

그 나라의 수도에 들어갔더니 8명의 무장한 관리가 나를 쫓아 왔습니다. 눈 앞에는 황금의 궁전이 솟아 있었고, 그 문을 통과하자 임금님이 황금의 자리에 앉아 있었습니다.

임금님은 나를 불러세우더니 이렇게 말하는 것이었습니다.

"오늘 너를 여기로 부른 것은 너의 아내가 호소해 왔기 때문이니라."

임금님은 곧 한 사람의 여인을 불렀습니다. 쳐다보았더니 그녀는 옛날에 죽은 아내였습니다. 아내는 머리에서 궁둥이까지

쇠못이 박혔으며 또 이마에서 후두부까지 못이 꿰뚫어 박혀 있었습니다. 또 쇠사슬로 두 손과 두 다리가 포박되어 있었으며 8명에게 부추겨 들려나오는 가련한 모습이었습니다.

"너는 이 여인을 알고 있느냐?"

하고 임금님은 물었습니다.

"예, 저의 아내입니다."

"너는 어떤 죄를 저질러서 여기에 끌려나왔는지 알고 있느냐?"

임금님은 또 물었습니다. 나는 생각이 나질 않아서,

"모르겠습니다."

라고 대답했습니다.

그러자 임금님은 아내를 노려보며 같은 질문을 했습니다. 역시 아내는 공포에 질리는 소리로,

"남편이 저를 이연(離緣)하였으므로 그것이 분해서 사기했던 것입니다."

라고 진술했습니다.

무참한 모습이 된 망부(亡父)를 만나다

나는 재조사를 받고 심판이 내려졌다.

"너에게는 죄가 없다. 현세(現世)로 돌아가도 좋다. 그런데 황천〔사후의 세계〕의 일을 되는대로 지껄여서는 안된다. 알겠느냐. 혹시 너의 망부를 만나고 싶거든 남쪽으로 가보면 될 것이다."

나는 임금님이 말씀하신대로 남쪽으로 가서 정말 망부(亡父)를 만나게 되었습니다.

아버지는 대단히 뜨거운 동(銅) 기둥을 끌어안은 채 서 있었었습니다.

몸에는 쇠못이 37개나 박혀 있었고, 쇠몽둥이로 매일 아침에 300대, 낮에 300대, 밤에 300대 모두 900대나 맞고 있었었습니다.

나는 그 가련한 모습을 보고 아버지에게 여쭈어 봤습니다.

"이게 어찌된 일이옵니까. 아버님이 이렇듯 고통을 받고 있을 줄이야……. 왜 이런 꼴이 되었습니까?"

아버지는 말씀하셨습니다.

"아들아, 아버지가 이런 고통을 받고 있을 줄을 몰랐을 것이다. 아버지는 처자식을 양육하기 위해 어느 때는 살아 있는 생명을 살생했느니라. 어느 때는 8량의 돈은 빌려 주고 이자를 붙여서 10량으로 불려서 취했단다. 어느 때는 작은 저울로 벼를 빌려 주고 거두어들일 때는 큰 저울을 썼단다. 어느 때는 남의 것을 훔치기도 하고 또 어느 때는 남의 아내를 간통도 했지. 그리고 부모에게는 효도를 하지 못했고 손위 사람을 존경하지 않았으며 노예가 아닌 자를 매도하기도 했단다.

이런 죄를 저질렀으니 작은 몸에 37개의 쇠못이 박혀졌고 매일 900대의 쇠몽둥이를 맞고 있는 것이다. 아아 아프고 고통스럽다. 언제나 죄를 용서 받을 것인지. 언제 편안한 몸이 될 수 있을런지. 아들아, 나를 위해서 불당을 만들고 경을 읽으며 죄를 빌어주려무나. 아무튼 현세로 돌아가도 잊지 말아다

오."(중략)

나는 생전에 저지른 죄의 업보를 보고 두려웠습니다. 그래서 원래의 큰 다리로 돌아오자 보초가 앞을 막는 것이었습니다.

"일단 이 곳에 들어온 자는 결코 살아 돌아가지 못한다."

그렇게 보초가 말하는 것이었습니다.

나는 난처해서 잠시 동안 그 주위를 서성거리고 있었는데 동자가 나타나는 것이었습니다. 보초는 그 동자의 모습을 보자 무릎을 끓고 절하는 것이었습니다.

동자는 나를 불러 세우더니 스스로 문을 열며,

"자아, 빨리 가십시오."

하는 것이었습니다. 나는 문을 나올 때 물었습니다.

"실례지만 당신은 도대체 누구십니까?"

"나 말입니까? 나는 당신이 어렸을 때에 모사한 관음경(觀音經)입니다."

라고 대답하고 동자는 그대로 돌아가고 말았습니다. 정신이 번쩍 들어 둘러보았더니 나는 이 세상에 살아 돌아와 있었습니다.

죽어도 생환 기회는 남아 있는가?

이 책의 설화는 대단히 불교 색이 강한 설화집인데 그러한 불교사상으로 분식(粉飾)된 부분의 이야기를 잘 살펴보면 의외로 전세계에 남아 있는 사후세계의 이야기와 공통되는 점이 있다.

사후에의 여행은 '죽음'에 의해 시작되는 것이나 보고자(廣國)와 같은 사후세계의 체험을 한, 스웨덴의 철학자 엠마뉴엘 스웨덴보그는,

"이 세상 사람이 죽어서 처음 방문하는 장소가 정령계(精靈界)인데 인간은 사후 곧 영원한 영(靈)이 되는 것은 아니다." 라고 보고하고 있다.

이것은 보고자(廣國)가 체험한 왕궁과 같은 사고방식에 근접해 있다.

사후 곧 지옥이나 극락이 출현하는 것이 아니라 일단 심판받는 관문이 설치되어 있어 거기에서 선별된다는 것이다.

보고자는 이 원쿠션이 놓여 있는 선별의 장소에 갔었기 때문에 간신히 현세로 돌아올 수 있었다는 것이다.

또 스웨덴보그는 정령계를 '인간 세상과 영계(靈界)의 중간에 위치하는 장소'라고 증언하고 있으나 이 정령계라는 곳이 선별의 장소에 해당하며 거기는 인간 세상(이승)과 영계(저승)의 중간에 해당하는 장소라고도 할 수 있겠다.

소위, 이 중간의 장소(설별 장소)에 몸을 두고 있는 한, 현세에로 돌아갈 찬스가 남아 있다고 생각해도 좋을 것이다.

주목해야 할 일은 이 중간의 장소에서 죽음의 세계를 완전히 들어가기 위해서는 3, 4일(이 세상의 시간 단위)의 시간 유예가 있다는 것이다.

보고자의 경우는 9월 15일에서 동월 17일의 3일간이 그것이다. 스웨덴보그의 경우는 2, 3일의 유예가 있다고 했다.

또 사후의 세계를 말한 유명한《티베트 사자(死者)의 글》에 의하면 영혼의 수행(修行)이 시작되기 전에 역시 3일에서 4일간 놓여 있다고 한다.

《티베트 사자의 글》은 1927년, 영국의 티베트 연구가 이반 웨인박사 등에 의해 소개된 밀교교전(密教教典)인데 이것은 중간의 장소에 해당되는 곳을 '중음(中陰 : 발트)'이라 부르며, 3,4일의 유예기간이 끝나면 49일간의 엄한 영혼의 수행이 시작되는 것으로 되어 있다.

육체이탈의 체험 보고

사후세계의 보고를 분석해 나가면 또 하나의 공통점을 느낄 수가 있다. 그것은 죽음과 육체만이 죽는다는 문제만이 아니라는 것이다. 이를테면 죽음이란 영혼이 육체에서 이탈하는 것이라는 이야기이다.

《티베트 사자의 글》에 의하면 인간이 호흡을 멈추면(임종) 사는 힘은 머리 속으로 집중되어 가라앉고 마침내 후방으로 던져져 아래쪽으로 날은다고 한다. 그리고 영혼이 육체에서 이탈할 때 그 사자는 혼잣말을 하는 것 같다고 한다.

"내가 죽었는가, 아니면 살아 있는가?"

(그런 대사를 중얼거릴 것이다.)

그 사자(死者)는 아직 자기 육체에 무엇이 일어나고 있는지 판단이 가지 않는 것이다. 사자는 살아 있을 때와 마찬가지로 친구나 육친의 비탄스러워 하는 모습을 보고 듣고 있다. 그리고 49일간의 엄격한 영혼의 수행이 시작되기까지 육체와 반드시 빛 속에서 나누어진다고 한다.

사후세계를 산 채로 20여년간이나 반복해 출입하며 《영계저술(靈界著述)》이라는 책을 쓴 스웨덴보그는 그 육체 이탈시의 체험은 '잠자고 있는 것도 아니며 깨어 있는 것도 아니다'라는 보고를 하고 있다.

그 때의 상태는 육체 차원으로 느끼는 '잠든다'나 '깨어 있다'라는 감각이 아니라 영혼으로서의 감각이라 했다. 만약, 이 상태를 인간계의 사람이 목격했다고 한다면 자기는 모든 의식을 상실하여 진짜로 '죽은 상태'로 밖에 보이지 않을 것이라고도 했다.

《티베트 사자의 글》은 8세기에 파드마 산바바라는 중이 티베트에서 구전(口傳)되어 온 이야기를 책으로 모은 것인데 그로부터 약 10세기(천 년)후에 같은 유체이탈을 서양에서 스웨덴보그가 체험해서 기술했다는 것은 실로 우연한 일치일까?

《티베트 사자의 글》 은 20세기에 들어서 발견되었기 때문에 17세기에서 18세기에 살아 온 스웨덴보그에게는 전혀 사후세계의 정보는 없었던 것이다. 그러나 그래도 공통되는 것이 있다는 점에서 등골이 오싹해지는 생각이 든다.

영계(靈界)로 죽은 자를 인도하는 사자란?

공통점이라고 한다면 《일본영이기》에 있는 '사자(使者)'에 대해서도 스웨덴보그는 마찬가지 기술을 남기고 있다.

죽음 직후는 전술하였듯이 죽은 자는 무언가 이해하기 어려운 감각 속에 놓여지나 그와 같이 죽은 자가 영혼의 감각으로 주위를 살피고 있을 때에 영계에서 사자의 영혼이 육체가 있는 곳으로 와서 영혼의 마음으로 교사를 시작하는 모양이다.

여기에서 비로소 죽은 자는 자기가 죽었다는 것을 깨닫고 정령계(精靈界)로 인도되어 간다는 것을 안다고 한다. 이것은 《티베트 사자의 글》에서 소개되어 있듯이 죽은 자는 '사자(使者)'에게 여러 가지 질문을 할 것이다.

이를테면,

"나는 죽었다고 생각하였는데 이렇게 살아 있지 않는가!"

하고 생사의 경지를 모른 채 절규해 본다든가,

"살아 있는 것이 환상인가, 죽어 있는 것이 환상인가?"

하고 혼란된 의식 속에서 영계(靈界)로부터의 사자에게 질문하였는지도 모른다.

사자는 그러한 '저 세상'과 '이 세상'의 구별을 모르게 된 자들을 '이제부터 당신은 정령(精靈)이 되어 영계(靈界)로 가는 것이다.'라고 인도해 주는 모양이다.

《일본영이기》의 경우는 큰 다리의 문을 열고 이 세상으로 돌려 보내준 동자, 소위 '관음경'이 돌보아 주고 있었으나 동양에서는 상투머리의 어른 사자가 나타나는지도 모른다.

이 상투머리의 어른이 스웨덴보그는 영계로부터의 사자라고 하는 것 같다.

사자(使者)는 사후세계에 익숙하지 못한〔당연하지만〕 죽은 자의 손을 잡고 사후로의 여행을 위한 준비를 가르쳐 준다고 한다. 어쨌든 현세의 기억을 버리게 한다든가 앞으로 가는 세계의 상식을 전하는 등 마치 어버이처럼 지도해 주는 모양이다.

이러한 사자의 기술은 세계 최고(最古)의 《사자(死者)의 글》 《티베트 사자의 글》에서도 보인다.

역시 여기에서도 사자는 죽은 자를 영계로 인도해 가는 역할을 하고 있으며 심판 장소까지 유도한다.

이들의 기술은 연대나 나라는 틀려도 대단히 공통된 점이 많은 것이다.

사후세계 앞에는 큰 강이 있다

또한 경악할 일은 점점 사후세계의 일을 이해할 수 있게 되어 영계로 이동할 때는 '큰 강을 건넌다'라는 기술이 남아 있다. 이것은 《일본영이기》 체험은 원래 많은 의사〔죽음〕체험자의 보고에도 마찬가지 것을 말하고 있다.

스웨덴보그는 그이 대표작인 《나는 영계를 보고 왔다》에서 영계로 이행할 때에 큰 강 위를 날고 있던 기억이 있다고 하였다. 그 강은 인도의 갠디스강이나 중국의 양자강보다도 큰 하폭이었다고 한다.

일본의 경우 사후세계에 건너는 강을 '삼도(三途)의 강'이라 부르고 있는데 의미적으로는 거의 마찬가지다. 요컨대 명토(冥土)에의 도중에 있는 강이며, 그 끝에 피안(彼岸)이 있다는 설정은 영계로 이행할 때에 건너는 강과 마찬가지이다.

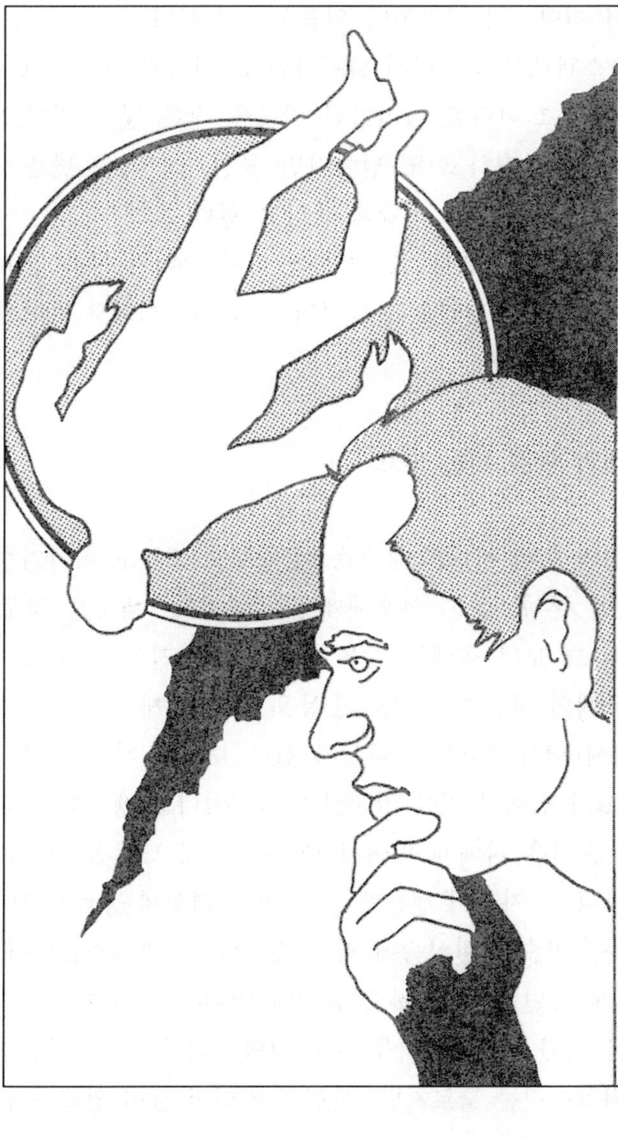

어쨌든 사후세계를 들어가기 전에는 '강'이 가로놓여 있다는 점에서 이야기가 공통되어 있음은 확실하다.

단, 스웨덴보그는 다시 날아가면 큰 바다가 나온다고 기술하고 있다. 그 바다를 날아가면 앞쪽에 작은 빛이 빛나고 별과 같은 것을 발견하고 또 날아가면 돌연, 그 작은 별은 거대한 빛의 덩어리가 되어 기습해 온다고 한다.

여기에서 스웨덴보그는 공포에 질린 나머지 눈을 감고 그대로 정신을 잃고 말았으나 그것이 진짜 사후세계로 들어가는 경계선이었다고 한다.

현대의 죽음 체험 보고

그런데 오랜 시대의 보고는 이 정도로 해두고 이야기를 현대로 돌려 본다. 물론 사후세계에는 옛것도, 새로운 것도 없기 때문에 그 보다 속에는 많은 공통점을 발견할 수가 있다.

이를테면 자동차 사고로 중상을 입고 실제로 죽음을 체험한 K·H씨(당시 25세)는 다음과 같은 보고를 하고 있다.

"사고가 일어난 것은 일순간의 일이었다고 생각합니다. 그러나 그 순간은 나에게 있어서 대단히 길게 느껴졌습니다. 나는 알았습니다. 자신이 핸들을 잡고 카드 레일에 충돌하였다는 것을……." 일순간 환상속에 빠진 것 같은 느낌이었습니다. 그때 죽은 게 아닌가 라는 것도 동시에 이해되었습니다.

다음 순간, 나는 의식을 잃고 말았습니다. 어느 정도 시간이 경과되었는지는 모르지만, 사람의 소리가 들려 왔습니다. 처음에는 윙 윙하는 느낌으로 이야기의 뜻을 잘 이해할 수 없었으나 점차로 알아듣게 되었습니다.

"유감이지만 살아날 가망은 없습니다……."

그런 대화가 오가고 있었습니다. 어머니 같은 여성의 울음소리와 필사적으로 '어떻게 손을 써봐 주십시오'라고 매달리듯 애원하는 듯한 음성으로 의사에게 말하는 형의 음성이 들렸습니다.

"완전히 동공이 열려 있어 도저히 손을 쓸 수가 없는 상태입니다……."

형과는 대조적인 가는 목소리로 의사가 대답하고 있었습니다.

나는 여기까지 듣고 비로소 자신이 어떤 중대한 일에 처해 있다는 것을 깨달았습니다. 그러나 나는 이렇듯 그들의 주고받는 말을 느끼고 있는 것입니다.

"여보시오, 멋대로 죽이지 말아요!"

나는 큰 소리로 소리쳤습니다. 그것은 그럴 것입니다. 의식이 있는데 화장터로 보내지는 일은 견딜 수가 없습니다.

나는 몇 번이나 필사적으로 소리쳤습니다. 그러나 아무도 그 소리를 듣는 사람은 없었습니다.

K・H씨가 사고를 일으킨 날은 가을을 맞는 비가 내리는 밤이었다. 연인을 보내고 돌아오는 길이어서 대단히 기분이 들떠 있었다고 한다. 술도 약간 취해 있었다고 하나 그런 상태와 관계없이 일순간에 일어난 일은 슬로모션으로 본 것같이 잘 기억

하고 있다. 보통은 사고의 쇼크로 태반은 잊게 마련이지만 그에게는 예리한 관찰력과 강인한 정신이 있었다고 할 수 있겠다. 그 때문인지 병실에서의 체험도 잘 기억하고 있었다.

그가 병실에서 체험한 상태는 지금까지의 자료에서 추찰(推察))하면 영혼이 육체에서 이탈하기 전의 불안정한 상태라는 것을 말할 수 있다.

소위 스웨덴보그가 체험한 '잠들어 있는 것도 아니고 깨어 있는 것도 아니다'라는 영혼의 의식에서 현세를 보고 있었던 것이리라.

이미 인간의 지각이 아니었던 것이다. 아무리 큰 소리를 내도 들리지 않는 상황은 이미 다른 세계로 들어갔다는 것을 말하고 있다.

한번 죽었다는 의사의 선고가 있었으나 재차 심장의 마사지를 반복했던바, 기적적으로 소생한 여성이 죽어 있었던 사이의 의사단의 이야기를 알고 있었다는 보고도 있듯이 죽었어도 '다른 지각'으로 현세는 확인되는지도 모른다.

자신이 자기의 사체(死體)를 보고 있다

"나는 나 자신이 자동차 사고로 죽었다는 기분은 전혀 없었습니다. 그러나 마침내 병실 광경을 희미하게 확인하게 되자 그 기분은 점점 희박해졌습니다. 보고 있는 위치가 전혀 달랐다는 것을 느꼈기 때문입니다.

병실의 침대에 매달려 흐느껴 울고 있는 어머니가 있었습니

다. 그 곁에 아버지가 팔을 잡고 말없이 있었습니다. 형이 의사와 심각하게 무슨 이야기를 하고 있었습니다. 그리고 침대 위에 내가 있었습니다.

나는 산소 마스크를 하고 머리를 붕대에 감긴 모습으로 누워 있었습니다. 수혈용의 관이 시트 속에 처박혀져 있었습니다. 분명히 팔에 주사바늘이 꽂혀 있었겠지요.

나는 나 자신도 놀랄 정도로 냉정했습니다. 감정이 없어진 탓은 아니겠지만 그런 광경을 보고도 당연한 듯이 받아 들였던 것입니다.

소리에만 의존했을 때는 무언가 불안하기만 했으나 상황을 확인한 순간, 이 상황만큼 기분이 안정되었던 것입니다. 체념이라는 기분이 아니라 느긋한 기분이었습니다.

자신이 자기의 사체를 보고 있는데 공포감도 없이 냉정하게 보고 있을 수 있다는 것이 이상했습니다. 방 전체를 볼 수 있었으니 아마 천정 위치 정도에서 바라보고 있었던 것이 됩니다.

한 가지 마음을 움직이게 한 것은 자기의 육체가 무참한 모습으로 되어 있었던 점입니다. 어차피 죽는다면 깨끗이 인생을 마무리 해야겠다고 생각했습니다. 저런 모습을 남겨서는 스스로에게 면목이 없다는 기분이었습니다."

사람이 죽었을 때 자신의 모습을 내려다 본다는 것을 말하고 있으나 의사 체험자의 대부분은 틀림없이 자신의 모습을 목격한 보고를 하고 있다.

K・H씨의 경우도 전적으로 마찬가지이다. 그러나 육체에서 유리하게 되면 그것을 목격하고 있는 자는 무엇인가?

일반적으로는 '영(靈)'이라고 하나 그것의 시비는 별개로 하더라도 인간은 죽어도 '별개의 지각'이 있다는 것이리라.

소위 육체의 차원과 다른 이상한 지각이 있다는 것이다. 이것은 실제로 죽어 보지 않으면 모르는 체험이나 적어도 죽음의 체험자 대부분은 '별개의 지각'존재의 보고를 남기고 있다.

일반적으로 믿고 있는 눈이나 귀 등의 지각기관은 육체에 있는 것이므로 그것을 떠나 보고 들을 수 있다면 다른 지각으로 가능한 것이 존재한다고 생각하지 않을 수 없다.

단, 그것이 영(靈)인지, 정신의식(精神意識)인지, 전혀 다른 것인지의 문제가 되면 대답이 불가능해진다.

터널과 같은 중간 장소로 날아간다

좀 더 K・H씨의 이야기를 계속해 본다.

"돌연, 부웅, 부웅하는 귀울림이 일어났습니다. 동시에 주위는 캄캄해지고 나는 맹렬한 속도로 어딘가로 끌려가고 있었습니다. 육체는 없으나 빙글빙글 회전하며 날고 있는 것같은 기분이었습니다. 마치 나선형의 통속을 통과하고 있는 것 같았습니다.

얼마나 지나갔는지 시간의 관념이 없었으므로 확실히는 모르지만 마침내 앞쪽에 반짝 빛나는 것이 보였습니다. 나는 출구인가 하고 생각했는데 그 빛은 점점 커져서 주위 전체를 감싸는 것이었습니다.

황금색이라고나 할까요. 그것은 눈부신 빛이었습니다. 그 가운데 여러 가지 색이 혼합되기 시작했고 드디어 그것은 아직까지 본적이 없는 풍경으로 변했습니다."

죽음의 체험자의 보고 속에서 또 한 가지 공통되는 사항은 기묘한 소리 '딱 딱' '피 피' '우르릉' '부웅' '쏴쏴'라는 불쾌음이 난 뒤, 캄캄한 공간으로 내던져지는 일이다. 이 공간은 K・H씨가 보고하고 있듯이 통상 터널과 같다는 의견이 많다.

사후세계의 연구로 권위가 있는 레몬드 A 무디 박사는 죽은 뒤, 혹은 임종하고 있을 때에 그러한 불쾌음을 들은 사람이 많다고 보고하고 있다. 또 그 후에 터널 속으로 끌려 들어간다고도 전하고 있다.

단, 지금까지의 옛 시절의 보고와 달리 죽은 자를 인도하는 사자(使者)는 나타나지 않았다.

K・H씨의 경우는 인도된다기보다는 강인하게 이끌려 들어갔다고 할 수 있다.

이와 같은 경향은 종교색이 희박해진 현대를 상징하고 있으며, 병원이라는 다른 환경 속에서의 보고라는 데에 관계가 있는 것 같다.

인생의 영상이 차례차례 나타나다

"미끈한 작은 구형(球形)"이 일면에 깔려 있어 반짝 반짝 빛나고 있는가 생각하면 원추형이나 정사각형의 산같은 것과 육각형의 바위와 파이프와 같은 모양을 한 풀이 묘한 풍경을 만들고 있었습니다.

점점 그 풍경에 익숙해지가 자연이 옛날 본 것같은 보통의 경색으로 모습을 바꾸는 것이었습니다. 그것은 어렸을 때에 많이 놀던 그리운 경색입니다.

나는 기뻐져 그 경색에 동화하고 싶어졌습니다. 그러자 다음 순간, 내 기억에 남아 있던 어린 시절부터 사고에 이르기까지의 20여년간이 마치 초스피드의 영화를 보듯이 차례 차례로 나타나는 것이었습니다.

나는 그 영상을 보고 있는 중에 무슨 쇼크를 받은 것 같았습니다. 그 때까지는 무척 냉정했었는데 동요를 느끼게 되었던 것입니다. 지금 생각해 보면 이것이 나를 현세로 되돌아가게 하는 동기가 되었을 것입니다.

어쨌든 비참한 자기의 인생 모습이 영상으로 되어 차례 차례 비쳐졌으므로 견딜 수가 없었습니다. 이러다가는 사고로 흉한 꼴로 죽는다는 것도 이상하지는 않을 것입니다.

자신은 정말 그렇게 생각될 정도로 변변치 않은 인생이었습니다.

"얼마나 어리석은 생활이었던가!"

나는 나도 모르게 마음속으로부터 부르짖었습니다. 이렇게 인생을 마치는 것이 후회스러웠습니다.

그런데 그 때까지 여러 가지 영상으로 형을 바꾸고 있던 풍경이 마치 스톱 모션을 한듯이 정지되고 말았습니다. 얼어붙었다는 표현이 적절할지 모르겠습니다.

나는 저 세상의 정체를 보았다

마침내 얼어붙은 풍경에 작은 금이 가기 시작했습니다.

그때입니다. 풍경이 바다로 변하고 아니, 큰 강이라 해야 좋을지 모르겠습니다. 유유히 물이 흐르는 큰 강 저쪽 기슭에 안면이 있는 사람들의 모습이 보였습니다. 작년에 돌아가신 조부와 고교시절에 오토바이 사고로 죽은 K군, 4년 전에 암으로 타계한 백모님 등 기억이 있는 사람만 나란히 서 있었습니다.

그러나 그(그녀)들은 저쪽 강기슭에 있어도 그 모습은 하나도 변하지 않았습니다. 죽을 때와 꼭 같은 상태였습니다.

암으로 타계한 백모는 임종 때와 같이 뼈와 가죽만 있는 그 상태의 모습으로 서 있었습니다.

K군 등은 한쪽 다리와 한쪽 팔을 잃고 머리에는 사고 당시의 처참한 그대로의 모습이었습니다.

그 광경에 나는 소름이 끼쳤습니다.

돌연 풍경이 뭉개지더니 파편이 되어 갈기갈기 사방으로 흩어져 갔습니다. 동시에 주위는 캄캄한 어둠에 감쌌습니다.

"야, 정신이 드는가 보다!"

아버지의 소리가 들렸습니다. 나는 현세로 돌아왔던 것입니다. 입원 후 2일째의 일이었습니다.

"젊은 사람이라서……. 어쨌든 회복력이 기적입니다."

담당 의사는 고개를 갸웃거리며 기적이라고 감탄하는 것이었습니다.

나중에 들은 이야기지만 형의 끈질긴 설득이 없었던들 나는 지금 관 속에 들어 있었을 것입니다.

그것을 알고 나는 앞으로 열심히, 이웃을 위해 살아가야겠다고 생각하게 되었습니다."

수 많은 죽음의 체험보고에서 내가 K·H씨의 체험을 선택한 것은 최후의 보고가 마음에 남아 있었기 때문이다.

그것은 내가 의사체험(疑似體驗)한 사후세계와 닮아 있으며 이야말로 틀림없는 사후세계라고 느꼈기 때문이다.

나 자신, 사후세계에서 보고하고 있는 것이 아니라 현세에 몸을 두고 전하고 있는 것이므로 이것이 진실이라고 단언할 수 있는 자신은 없으나 적어도 대자연계의 법칙과 K·H씨의 체험, 그리고 나의 의사체험을 비쳐 보면 하나의 확실한 사후세계가 보여 오는 것이다.

사후세계를 받아들이는 법

죽음은 수면하는 것과 같다

나는 수 많은 죽음의 체험보고 자료를 접하며 무리하게 사후세계의 존재를 입증하려고는 생각지 않는다. 그러나 나 개인적인 체험을 통하여 의견을 말한다면 확실히 사후세계는 존재한다.

이것을 어떻게 말로 표현하면 좋은가, 확실히 전할 수 있는 언어가 없어서 대단히 곤란하지만 구태어 예를 든다고 하면,

"수면이 하루의 끝과 같이 죽음도 또한 인생의 마지막이며 다음 깰 때를 위해 휴식하고 있음에 지나지 않는다."

라고나 할 수 있을는지.

이 우주만물을 움직이는 대자연의 법칙에 비추어 보면 모든 것에 대하여 당연히 휴식이 있고 재생이 있다는 것이다. 거기에는 아무런 이유도 이론도 존재하지 않는다.

당연한 일이 당연한 현상으로서 그저 그대로 반복되고 있음에 지나지 않는다.

이를테면 우리들이 일상에 체험하고 있는 하루라는 흐름을 생각해 보자.

우선, 우리들은 당연히 깨어나서 당연히 그 날의 활동을 개시한다. 다음 날 깨어난다는 보증같은 게 전혀 없는데도 당연히 다음 날이 시작되는 것이다. 그리고 어떻게 하루를 지냈던 간에 그날의 마지막으로는 수면이 주어진다.

생각해 보면 어떻게 지내도 하루가 끝나고 그 다음 날도 또 어제의 연속으로서의 하루가 존재하고 있다는 것이다.

알기 쉽게 말한다면 중병환자가 잠에서 깨어나면 돌연, 건강한 사람으로 되어 있다든가, 빚으로 고민하고 있는 사람이 다음 날 깨어나면 채무가 사라지는 그런 부자연한 흐름은 없어지는 일이다.

있다는 것은 그저 어제의 현실의 계속이 다음 날에 존재하고 있다는 것이다. 중병환자는 중병환자인채, 조금 회복했을까 그런 상태로 다음 날을 맞고 차용한 돈은 다음 날이 되어도 그대로 남아있기 때문이다. 당연한 일이 당연하게 이어진다. 이것이 자연의 흐름인 것이다.

물질적 육체의 죽음도 또한 마찬가지이다. 이무런 구애도 없이 솔직히 최고의 상태로 죽음에 이르면 당신의 본질(영이라고 한다)은 얼마간의 휴식을 한 뒤에 새로운 생명체에의 최고의 상태로 재생해 간다. 혹은 최악의 상태로 죽음에 이르면 마찬가지로 최악의 상태로 재생한다.

지금까지의 죽음에 대한 상식으로 단 한 가지 오해해서는 안 될 일은 '죽음이 모두를 청산해 준다'라는 잘못된 생각을 해서는 안된다는 것이다.

그러한 사고방식은 인간생활에서 적당히 생각하는 응석이며 진실이라는 것을 직시하고 있지 않다. 아무리 인간의 사정으로 사후세계를 분식(粉飾)했다 해도 아무런 해결도 되지 않는 것이다.

좀더 솔직히 사물의 흐름이라는 것을 분별하는 힘을 갖지 않으면 안된다.

어떠한 이유를 붙여도 죽음이 수면과 마찬가지로 하나의 끝이라는 대자연의 법칙에 따른다면 가령 죽었다고 해도 '당신의 본질'은 아무 것도 바뀌지 않기 때문이다.

죽음의 체험은 환상인가?

그런데 사후세계의 존재에 대하여 의문을 던지는 사람들이 있다. 그 태반이 현대의학에 종사하는 사람들이다.

죽음의 체험에 대하여 '사람이 빈사의 상태에 있을 때, 그것이 초래하는 고열, 혹은 저온작용에 의해 두뇌에 환상을 보이도록 하는 수가 있다'고 반론한다.

이를테면 인간이 죽음에 임박했을 때에 혈압저하나 심장 기능의 저하에 의해 일어나는 산(酸)의 부족이 대뇌를 엄습하여 극채색(極彩色)의 사이키델릭(psychedelic)한 환각을 잠시 보인다든가 과거에 있었던 강렬한 추억 등을 끌어내어 보인다든가 청각기관 저하(低下)에 의해 이명증상(耳鳴症狀)을 일으킨다든가 죽음의 체험에 나온 것 같은 세계를 체험시킨다고 한다. 마찬가지 사실은 마취제 등의 투약에 의해 일어나는 수도 있다고 한다.

그러나 심리학적으로나 생리학적 이론을 갖고서도 설명할 수 없는 일이 있다.

그것은 과학적으로 죽음의 선고를 받은 사람들이 어떻게 기능 정지한 육체를 갖고 체험이 가능한가 라는 점이다. 소위 과학적으로 부정하면서도 그 부정을 과학적으로 증명하지 못한다.

심전도(心電圖)가 정지하고 뇌파가 정지한 상태로 도대체 무엇이 느껴지는가. 죽음의 체험을 의문시하는 그들의 논리가 모두 육체 차원에서의 추론(推論)인 이상, 그 이론은 전혀 당치 않는 것이다.

최근에는 이러한 사고방식은 부정되어 가고 있다.

단, 이 추론도 '인간의 본질(영)'이라는 가설을 인정하였다면 어쨌든 성립할지도 모른다. 소위 육체 차원의 '의식'이 아닌 무언가 설명 불가능한 '의식'의 존재이다.

이 설명 불가능한 '의식'의 존재는 고대로부터 '영'으로서 전 세계적으로 해석되어 온 것이며, 그들은 영의 존재를 확신하는 성자의 증언이나 수많은 여러 가지 '신화'나 '성전'속에서도 말하고 있다. 단, 나는 이것을 '영'이라고 부르지는 않는다.

확실히 영이라는 표현도 합당치 않은 것은 아니나 과거 수천 년의 역사가 순수한 의미로의 영이라는 언어를 종교적인 분식(粉飾)하에 더럽혀 왔기 때문이다.

사후(死後)의 주역, 영(靈)을 생각해 보자

여기에서 번잡해진 영(영혼)의 구분을 설명할 의도는 없으나 최근 유행인 '수호령'이나 '배후령(背後靈)' 등을 예로 들어보면 어떻게 이 대자연의 법칙에 어긋나 인간 사이드의 형편이 좋은 영을 떠받들고 있는지를 안다. 이래서는 오히려 사후세계의 인식을 혼란시킬 뿐이다.

확실히 물질적 육체의 역할이 끝났을 때에 설명 불가능한 '의식'이 유리하여 사후세계를 맞는 일은 있으나 그것이 오히려 자기의 자손이나 관계자를 구한다든가 반대로 원한으로 변해버리는 행위는 아무리 생각해도 인간쪽에서 볼 때는 사상이며 대자연 이치에 드러맞지 않는 것이다.

이 발상은 종교적 분식의 냄새가 대단히 강하다. 소위 인간에 의해 '만들어진 영'인 것이다. 그 편의주의는 놀랄만큼 철저하다.

이를테면 이와 같이 살아온 인간이라도 장례식을 하고 승려에게 경을 읽게 하면 그것으로 '부처님'으로 화하고 만다는 불가사의.

'죽은 자에게 채찍질을 가하는 따위 행위는 피한다'라는 사고방식은 이해되지만 자기 멋대로의 생활을 하여 타인에게 피해를 준 그런 사람이라도 죽으면 '부처님'이 된다고 하는 것은 부자연스럽다.

죽으면 모든 사람이 '부처님'이 된다면 극단적인 이야기지만 법률 등은 필요 없을 것이다. 모두가 멋대로 해도 좋으니까 말이다.

이것은 도덕적, 윤리적으로 말하는 것은 아니다. 사후세계의 받아들이는 방식이 편의주의 때문에 진실을 볼 수 없게 된 것을 말하고 있는 것이다.

스님의 경에 그런 고덕(高德)이 있다면 살아 있을 때에 덕을 입혔어야 했다.

이것은 오랜 역사의 축적이 낳은 큰 오해이다. 너무 오래 전승되어온 때문에 우리들은 의심해도 그 편의적인 발상을 버리지 못한채 지금에 이르렀다.

수호령(守護靈)이라는 편의적인 영은 없다

특히 수호령(守護靈)이라는 발상은 참으로 '편의령(영)'이라 이름을 바꿔도 좋을 만큼의 보잘 것 없는 것이다. 이 발상도 죽으면 모든 사람이 '부처님'이 된다는 기반 위에 성립되어 있다.

만약에 근성이 삐뚤어진 조상이 수호령(守護靈)이 되었다고 한다면 어떠한 어드바이스를 자손에게 해줄 것인가.

멋진 행운이라도 주리라고 생각하고 있을 것인가? 죽어서 '부처님'이 되었기 때문에 조금은 변했으리라고 생각하고 있다면 그것은 오해이다. 아무 것도 변하지 않는 것이다.

이와 같은 오해를 오랜 동안 믿어 온 배경에는 사후세계라는 것을 진실하게 받아들이려고 하지 않는 대중이 있다.

우리들은 사후세계에 대해 언제나 발뺌하고 있었기 때문에 종교가(宗教家)에게 설복 당하였던 것이다.

물론 종교의 성립에는 그 시대의 사정이라는 것이 있어 대중에게 도덕이나 윤리관을 심어준다든가, 정치적인 압력이 되는 등 그 나름으로 복잡한 배경을 갖고 있으나 그러나 그것에 의해 사후세계까지가 왜곡된다면 중대문제일 것이다.

그런데 종교의 이야기는 이 정도로 해두고 과연 사후세계란 사실 어떠한 것인지, 지금까지의 상식적인 머리를 변환해서 다시 초심으로 돌아가 진실을 보도록 하자.

사후의 세계관을 파헤친다

사후는 현실의 계속이다

죽으면 어떻게 되는 것일까?

이 세상에 생명을 받고 살다가 마침내는 죽을 운명에 있다는 것을 알고 있는 인간으로서 이와 같은 생각에 번민한 일이 한두 번이 아니다. 하물며 사후의 일은 현재 살아 있는 인간으로서는 받아들일 수 없는 일이므로 한층 불안을 불러일으키는 문제다.

하물며 죽음에 대해서는 터브시 되어 있는 것도 있어 별로 자유로이 말할 수 없는 풍조가 있다. 스님의 지옥, 극락론이나 목사님의 천국론 정도가 지식으로서 존재할 정도이다.

소위 사후라는 것은 종교적인 면에서 아는 것이 전부로서 이 영역만은 근대과학으로도 좀처럼 밝히기가 어려운 영역인 것이다.

그러나 진지하게 생각해 보면 사후가 어떤 것이라는 것은 스스로 알 수 있을 것이다. 어떤 사물이나 솔직하고 순수하게 보

는 힘이 있다면 당연히 사후도 이해할 수가 있을 것이다.

가령, 죽음이라는 문제는 사람만의 특수한 것이 아니라 생명이 있는 모든 생물이 평등하게 품고 있는 사상이며 대자연의 영위속에서 반복되고 있는 신변의 문제인 것이다.

죽음이란 특별한 것이 아니다. 생이나 사(死)는 한 가닥의 실로 연결되어 있는 것이다. 어디에나 잘린 데라고는 존재하지 않는다.

가령 우리들의 일상생활에 수면이라는 하루의 마디가 있듯이 인생에도 하나의 마디가 있을 따름이다. 결코 모두가 끝난다는 것은 아니다.

가령, 부활(그리스도교)이나 윤회(輪廻 : 佛敎)가 있다고 해도 그것은 마디로서 있는 것은 아니다. 말하자면 한 가닥의 실 속에서 반복되고 있는 것밖에 안된다.

그것은 가령 다시 살아나 새로운 육체를 받았다고 해도 당신 자신은 아무것도 모른다는 것이다. 당신 자신은 어디까지나 당신 자신이지 돌연히 타인이 되는 일은 없다.

인간이 멋대로 지어 낸 사후세계

우리들이 갖고 있는 사후관(死後觀)이라는 것은 지금까지의 종교사상으로 받아들여지고 있는 것으로서 좀처럼 자유로운 발상이 되지 않는다.

최근에는 인간이 죽으면 훌륭한 사후세계가 기다리고 있다는 등, 그렇게 설명하는 사람이 나타나 인기를 끌고 있으나 그것도 종래의 종교사상의 편봉(片棒)을 짊어지고 있음에 지나지 않는다.

설명 그대로, 누구에게나 사후의 세계가 즐겁고 훌륭한 곳이라면 그렇게 다행한 이야기는 없다.

물론 거기에는 조건이 붙어 있다. 현세를 맑고 바르게 살아가지 않으면 그 세상에는 들어갈 수 없게 되어 있으나 이것이야말로 지금까지의 종교가 대중을 공기돌로 취급해 온 방편이라 할 수 있겠다.

이 혼돈된 가치관의 세계 속에서 과연 바르다는 것은 무엇인가, 맑다는 것은 무엇인가를 묻는다면 대단히 어려운 문제다.

그와 같은 가치관에 맞추어서 '극락'이나 '천국'의 입문이 구별된다는 것은 우습다.

도대체 이와 같은 가치관은 인간 사이드의 가치관이며 대자연에서 바라 본 대국적인 대답은 아니다.

참으로 인간이 멋대로 만들어 낸 형편이 좋은 사후세계일 따름이다.

역시 거기에는 사후에 대한 인간의 원망과 죽음의 공포에서 도피하려고 하는 인간의 왜곡된 해석으로 밖에 보이지 않는다.

물론 죽으면 지옥이 기다리고 있다는 것보다는 훌륭한 사후세계가 있다고 하는 편이 마음 편하나 어쨌든 왜곡된 해석을 하고 있음에 변함이 없다.

죽었을 때의 현상이 사후에도 계속된다

사후는 그만큼 사람의 뜻대로 잘 되어지는 것이 아니다. 당연한 법칙 속에서 존재하고 있는 것이다.

가령, 비틀린 수목의 새끼 나무가 마찬가지로 비틀려 자라듯이, 혹은 발육부진한 씨앗에서 발육부진의 싹이 나오듯이 하나의 연결로 되어 과거·현재·미래라는 시간 속에 현상이 나타난다.

이것은 사후에 있어서도 말할 수 있는 일이다. 과거도 현재도 미래도 한 가닥의 실로 연결되어 있는 것이다.

나쁜 죽음을 하면 나쁜 현상이 내세(來世)에 나타난다는 것은 당연한 이치이며 최고의 죽음을 했다면 최고의 현상이 나타나는 것도 당연한 일인 것이다.

사후는 어떤 특수한 마디가 아니다. 죽으면 다른 세계가 나타난다는 편리한 발상이 태어난 데에서 사후세계의 실체가 알 수 없게 된 것이다.

현대 독일의 철학자 말틴 하이데커는 《존재와 시간》이라는 책 속에서 인간은 이 세상에 생을 받았을 때부터 '죽음에의 존재'로서 있으며 그 순간부터 항상 죽음을 향해 가고 있다고 정의하였다.

물론 하이데커의 이론이 존재하지 않아도 우리들에게 어차피 죽음이 온다는 것은 알고 있다. 언젠가는 주위 사람들의 죽음을 체험하면서 확실히 오고 있는 자신의 죽음을 각오하지 않으면 안된다.

그러나 진짜로 죽음이 존재한다는 인식은 상상 외로 가벼운 기분으로 받아들이고 있다. 죽음을 진지하게 직시하려는 기분도 없을뿐더러 아직 먼 장래의 일이라고 생각하는 사람이 많은 것이다.

사후의 일이 참으로 이해되었다면 과연 몇 사람이나 현재의 생활을 계속할 수 있을까.

어떻게 살아도 죽을 운명에 있다고 생각하면 향락적인 인생으로 치닫게 될 것이고, 지옥·극락론을 믿으면 맑고 바르게 사는 법을 모색하며 고심할 것이다.

죽음이라는 명제를 생각만 해도 인생이 살아가는 방법은 여러 가지로 달라지게 될 것이다.

살인귀는 사후에도 살인귀다

그럼 죽음을 특별한 것으로 생각하지 말고 좀더 솔직한 기분으로 대자연의 법칙에서 관망해 보자.

이를테면 여기에 한 알의 씨앗이 있다고 하자. 그 씨앗이 어버이의 나쁜 영향을 받고 있다면 도대체 어떻게 알아야 할 것인가.

나쁜 씨앗은 역시 나쁜 영향을 받은 채의 모습으로 나타나는 것이다. 이것이 대자연의 거짓없는 법칙인 것이다.

생각하기에 따라서는 아무리 냉혹한 법칙이나 솔직히 자연계의 현상을 받아들인다면 당연한 결과일 것이다. 나쁜 것은 나쁜 채로 나타난다. 이것이 자연법칙인 것이다.

대자연의 법칙 속에서는 결코 나쁜 종자가 좋은 종자로 변신하는 따위의 일은 없다. 이것은 사후에 있어서도 마찬가지이다.

가령, 살아있는 동안에 나쁜 짓을 많이 하고 살인까지 범한 사람이 죽었다면 아마 부처님이 된다고 편의적인 이야기는 할 수 없을 것이다.

불교에서 말하면 자비에 의해 구원된다는 뜻이겠으나 그와 같은 멋대로의 발상으로 살인귀가 간단하게 구원된다면 열심히 살았는데 피살된 피해자는 무엇인가?

대자연에는 인정도 자비도 사랑도 없다. 있다는 것은 과혹〔그 사람에 따라서는〕한 법칙뿐이다. 절대로 응석은 허용되지 않는다.

살인귀가 죽어도 결코 부처님은 되지 않는다. 사후에 있어서는 살인귀는 살인귀로서 존재한다. 이것이 대자연의 법칙인 것이다. 아무런 부자연함은 없는 것이다.

죽으면 착한 사람이 된다는 불가사의

어쨌든 우리들 생이 있는 자는 반드시 죽는다. 이 현실은 누구도 바꿀 수 없다. 그렇기 때문에 우리들은 '사후에의 준비'를 현세에서 착실히 행하는 것이 필요하다고 한다.

생을 바라보고 있는 것만으로는 충실한 방법이 아니다. 그 때문에 우리들은 사후를 바라보며 현재를 사는 것이 필요하다.

물론 진실을 직시하고 두려움 없이 사후를 바라본다. 거기에

서 우리들이 존재하고 있는 의미라는 것이 이해되는 것이다. 결코 진실에서 눈을 떼서는 안된다. 진실에서 눈을 떼는 순간, 우리들의 현실생활은 왜곡된다.

이를테면 우리들은 죽은 육친이나 친지들을 엄숙히 장례하고 미화(美化)하려는 경향이 강하다. 이것은 인정에서 생기는 것이겠으나 대자연의 나타내고 있는 현실은 그처럼 살기 쉬운 것이 아니라는 것은 알아야 한다.

자칫하면 우리들은 어떤 사람이더라도 그 죽음을 아파하는 일은 첫째로 하고, 생자의 행위를 모두 물에 띄워버리는 습관이 몸에 배어 있다.

가령, 생전에 폭력을 휘둘렀다든가, 술을 마시고 포악한 횡재를 한 사람이라도 고인이 되는 순간, 소위 '좋은 사람'이 되고 마는 것이다. 만약 그 고인의 험담이라도 할라치면,

"고인에 대한 실례입니다."

"고인을 그렇게 매도해서는 안됩니다."

라고 삼가는 것이 우리의 인심이다.

이것은 죽어버리면 모두 끝이라는 사고방식에서 생기고 있는 것이다.

그러나 죽었다고 해서 무엇이 끝났단 말인가. 실은 아무 것도 끝나지 않은 것이다. 대자연의 눈으로 부감해 본다면 아무것도 변하지 않았다는 것을 알 수 있다.

최고로 살면 사후가 두렵지 않다

그럭저럭 우리들은 감언(甘言)에 현혹되지 말고 사후라는 것을 진지하게 생각해 보는 것이 어떨런지?

지금까지의 사상이나 바램을 버리고 진지하게 사후를 받아들이지 않는 한 참다운 인생이란 보이지 않을 것이다.

확실히 사후에 천국이 있다든가, 극락이 있다면 그것은 그것으로 하나의 구원인 것은 확실하다. 그러나 그 사고방식이 인간의 형편에 의해 만들어져 있다면 그러한 것에 의뢰하여 현세를 산다는 것은 대단히 위험하다고 하지 않을 수 없다.

왜냐하면 '죽어도 상황은 아무 것도 변하지 않는다'라는 대자연의 섭리, 법칙이 있기 때문이다.

아무리 좋게 사후의 세계를 장색해 보아도 현실의 생활에서 고민하고 있다면 사후도 역시 고민의 세계가 존재하기 때문이다. 아무리 이유를 대도 당연한 현상이 당연히 계속되는 것에 지나지 않는 것이다. 그것이 현실의 사후세계인 것이다.

나는 그 사람의 생활을 보기만 해도 어떠한 사후를 맞을지 잘 알 수 있다. 살인귀가 살인귀로서 사후를 맞듯이 현재의 생활이 그대로 사후로 이어지는 법칙을 알고 있기 때문이다.

확실하게 말해 두자.

돈에 망한 자는 쫓긴 그대로이다.

환자는 환자로서의 고통을 품은 그대로이다.

노이로제로 자살한 자는 그 고민을 몽땅 짊어진 그대로이다.

아무리 신불(神佛)에 의뢰하든, 기원을 하든 현재 그 모습인 채로 사후를 맞고 마침내 같은 현실 속으로 같은 조건인 채로 나타나게 되는 것이다. 이것이 대자연의 당연한 법칙인 것이다.

사후가 두렵다는 것은 현실세계에서 최고의 생활을 해오지 않은 자들의 변명에 지나지 않는다. 진정으로 최고의 인생을 살아왔다면 죽는 것도, 사후도 아무 것도 두렵지 않다.

죽어도 변하지 않는다는 대자연의 법칙은 최고의 인생을 보낼 자에게는 최고의 내세를 확실하게 약속해 준다. 이것은 엄숙한 자연계의 법칙 속에서 유일의 구원이라고도 할 수 있는 것이다.

다음 장에서는 현실생활 속에서 사후라는 것을 생각해 보도록 한다.

제 7부

현세와 지옥의 차이

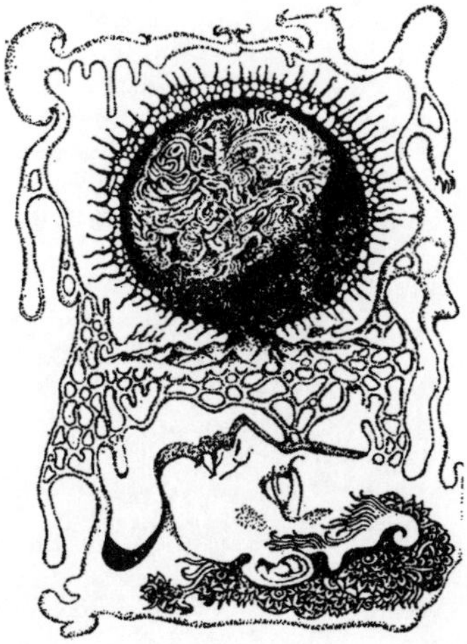

인간은 죽음을 왜 두려워 하는가?

우리들 인간은 확실하게 죽는다. 그것은 잘 알고 있어도 죽으면 어떻게 되는가, 그 사후가 판명되지 않은 곳이기 때문에 '사(死)의 공포'가 살아있는 것이다.

말하자면 지옥(地獄)·극락론(極樂論)이나 부활(復活)·천국론(天國論) 등은 그러한 사후의 공포를 이용해서 자주 종교상의 윤리관이나 도덕론으로 바꿔 놓아 기술한 것이라 말할 수 있을 것이다.

누구라도 죽음에서나 고통의 세계에서 살고 싶지는 않다. 현세가 고뇌나 고통의 세계라면 사후에는 안락한 세계에서 살고 싶다고 생각할 것이다. 그것이 인정(人情)에서 였다고 하는 발상이다.

그러나 그 생각이 어느 쪽의 형편으로 성립되고 있는 것인가는 정말 사후세계를 파악할 수는 없다. 이것은 최근의 에이즈 등과 같이 그 존재를 확인할 수는 있어도 이론적으로 아무것도 해명할 수 없는 것과 같은 까닭이다.

필요한 것은 죽는다는 존재의 확인은 가능할지라도 그보다

먼저의 것은 아무것도 설명할 수 없다.

성(性)의 존재가 성도덕의 파괴에 의해서 자연의 영위에서 어긋났을 때에 에이즈가 발생하여 온 것과 같이 대자연의 질서는 인간의 편리한 가치관으로는 결국 헤아릴 수가 없다.

동일하게 죽음의 세계도 대자연의 질서 가운데 짜넣고 있다.

사후가 절대로 이해되지 않는 것은 아닐 것이다. 의미가 판명되지 않는 것 같은 것은 우리들 인간의 편리한 형편대로 사후세계를 말하고 있기 때문인 것이다.

대자연의 하나 하나의 영위를 부분적으로 보면 어느 정도 사후는 예측할 수 있는 것이다.

사후를 불투명하게 해서 공포만을 주고 있는 것은 더구나 인간 입장의 편리한 발상인 것이다. 이 편리한 발상을 없애는 것이 우선 선결문제이다.

지금까지의 사고방식이나 인식을 바꾸어 우리들의 차원에서 사후를 받아들이는 것이 아니고, 대자연의 입장에서 사후를 주시해 보면 진실을 볼 수 있을 것이다.

사후세계에서 고통받고 있는 많은 사자(死者)들

다음은 사후세계를 아는 수단으로서 고대부터 쓰여져 온 수법으로 '영매(靈媒:무당)'라는 것이 있다. 이것은 죽은 자의 영혼을 불러서 생자(生者)와의 회화를 가능케 하는 방법으로써 세계적으로 널리 알려져 있다.

그 영매사(靈媒師)를 통해서 영혼이 전해져 온 사후세계를 사후 체험자의 보고와 내용이 잘 비교해서 상당히 나쁜 기미를 느끼게 하나 큰 차이가 있는 것은 '사후세계에서 고통받고 있는 사자(死者)'가 많다는 것이다.

종교로서의 영매사인 경우는 '공양을 하고 싶다'라는 사자의 바람이 많지만, 종교에 그다지 관계하지 않는 영매사로서는 '사후도 현실과 같은 고충이 있다'와 같은 보고를 보게 된다.

즉 여기에서는 '현실에서 확고한 삶이 아니면 사후가 크게 변한다'라는 충고를 사자(死者)가 하고 있는 것이다. 이것은 일체 무엇을 이야기 하고 있는 것일까.

전술한 K·H씨의 짧은 죽음의 체험보고 중에 종래의 보고와는 다른 삼도천(三途川)의 광경이 말해지고 있는데 이것은 사자로부터의 충고를 화상적(畵像的)으로 전해 왔다고 이해할 수가 있을 것이다.

암으로 죽은 백모가 앙상한 뼈와 표면만의 임종시와 같은 자세이기도 하고, 교통사고로 죽은 친구 K는 사고당시의 형체도 없는 형태로 있었다는 보고는 사후세계가 꿈과 같은 장미색의 낙원은 없다는 것을 전하고 있다.

영매사(靈媒師)의 보고 중에서 깜짝 놀랄만한 것은 자신(영매사)의 육체에 잠든 영혼이 사후의 고통에 몸부림치고, 그 육체는 심한 고통을 받는다는 말이다. 하물며 육친의 영혼을 부른 친족이 몹시 두려운 실체를 알고 도피해 돌아왔다는 웃지 못할 실수까지 있었다.

그러나 나는 이것이야 말로 사후의 실체는 아닌가 하는 생각이다. 죽어버리면 무엇이든 허용되어 버리기도 하고 모두가 청산된다는 사고방식은 인간의 도합주의(都合主義)로서 하지 않기 때문이다.

아무것도 변화하지 않는 사후를 받는 편이 순리적이며, 납득해가는 세계일 것이다. 따라서 거기에서 현세로서의 생활방식이라는 것을 보게 되는 것이다.

구제는 사후가 아닌가?

《티베트 사자의 글》에서는 죽음에 대해서 이렇게 서술하고 있다.

죽음은 그 사람의 의지에 반해서 찾아든다. 때문에 죽음이라는 것을 배운다. 그것에 의해서 사는 것을 배울 것이다. 역으로 죽는다는 것을 배우지 못하는 사람은 사는 것을 아무것도 배우지 못하고 끝날 것이다.

우리들 인간은 살아있는 것은 자각할 수 없는 것, 결국 죽음은 자수 자각하고 있다. 그리고 출생해 온 때에는 '훌륭한 마음과 신체'를 주시게 되면서 죽을 때에는 그들 모두를 두고 펴야 한다는 '무상(無常)'을 느끼면서 살고 있다.

그렇기 때문에 우리들 인간은 죽음이라는 현실을 두려움, 혹은 사후의 세계에 구제를 찾아서, 여러 가지 종교·철학·사상을 구축하여 왔다고 말할 수 있다. 그러나 잘 생각해 보면 사후에 모든 해결이 있는 것은 아니라는 것도 잘 판명될 것이다.

모든 해결은 현세에 있는 것이며 사후에 있는 것은 아니다.

지금까지는 죽음이 모두를 청산한 것같은 생각이었지만 《티베트 사자의 글》이 기술하고 있는 것같이 죽음을 배워서 정말 사는 의미를 배우도록 마음을 갖는 것이다.

요는 죽음의 가운데 생의 수수께끼를 감춰 두며 생의 가운데 죽음의 수수께끼를 감춰 두고 있다고 말해도 좋을 것이다.

어느 쪽이라도 같은 한 올의 실로 연결되어 있는 것이다.

태고의 오랜 옛날에 있어서 '생(生)과 사(死)'는 극히 흔한 문제였고, 언제나 육체 가까이에서 일어나고 있는 당연한 드라마였다.

대자연 가운데의 일원으로서 인류는 존재하고, 그 직업의 조직 가운데 당연히 '생과 사'는 있었던 것이다.

다만 인간에 지식이 있어 자연과의 조화가 허물어져 옴에 따라서 죽음의 공포만이 크게 접근되어 오게 되었다. 솔직히 그 현상을 받아들이는 일을 내버려 두지 않고 곡해에서 곡해를 포개어 죽음의 본래 자세를 잃어버렸던 것이다.

그러나 어떻게 장식해도 죽음은 죽음이다. 인지(人知)를 답한 대자연계의 워크조 중의 하나인 드라마로서가 아니다.

만약 '생과 사'가 대자연으로부터의 선물이라면 탄생을 축하할 만한 것같이 죽음도 또한 기릴만한 것이 아니어서는 안될 것이다. 솔직히 대자연의 흐름을 읽으면 그러한 답이 되풀이되어 올 것이다.

죽음이 두렵다는 것은 자기 자신의 존재 의미를 알 수 없는 것으로부터 살고 있다고 말해도 좋다.

무엇을 위해서 탄생하고, 무엇을 위해서 죽어가는가.

이 의미를 알 수 없음에 인류는 지금까지 여러 가지 의미를 붙여 지식과 상상력을 도모해 온 것이다.

그러나 의미를 알 수 있다든가 없다라고 하기 이전에 어쩔 수 없이 자신의 힘으로 살아가고 있다는 고집스런 발상을 가지고 있기 때문에 모두를 소멸시켜 버리는 죽음이 두렵게 되는 것이다.

가령 지금 대자연에 살아가고 있는 것이라고 생각하면 죽음은 현재의 생을 되풀이 할 뿐인 것이다. 생을 자신의 특권이라며 교만함이 높아진다면 죽음은 아무것도 두렵지 않을 것이다.

물론 이렇게 설명할 경우 사(死)의 공포는 아무것도 바꾸지 못한다. 이러한 문제는 결국 인지(人知)로서는 헤아릴 수 없는 것이기 때문이다.

그러나 그렇게 있다면 더욱 솔직히 생과 사를 주시하고, 더욱더 솔직히 현재를 살아가는 것이 중요할 것이다.

지옥은 고통이 되풀이 되는 장소

원신(源信)을 묘사한 지옥

자신이 몸부림치며 생기는 죽음의 자세를 자식들이나 손자에게 보인다. 이것은 객관적으로 받아들인다면 마치 지옥도회(地獄圖繪)라 말할 수 있을 것이다. 그런데 어떤 지옥도회가 현세에는 구석구석에 있는 것이다.

본래 지옥이라는 존재는 현세에서 악한 일을 한 사람이 죽은 후에 떨어지게 되면 그곳에서 여러 가지 모진 고통을 받는 곳이다.

물론 그것이 확실히 있는지 어떤지 판단하기 어렵지만 이러한 지옥의 존재는 전 세계적이고, 어느 곳에 있어서도 같은 말을 들을 수가 있다.

그 공포에 가득한 지옥의 내용은 종교적인 요소가 짙게 나타나고 있는 것, 읽는 방법을 다소 돌아보면 무엇인지 현세를 보고 있는 것같은 기분도 든다.

특히 평안시대(平安時代)의 학승(學僧) 원신(源信)이 저술한《왕생요집(往生要集)》의 '염리세토(厭離歲土)' 가운데 있는 지옥계의 양상이나 많은 지옥초지(地獄草紙)를 볼 때에 나는 사후세계와 현실세계는 같은 한 선으로 연결되어 있는 것같은 기분이 들지 않는다.

만약 사후세계에 지옥계라는 것이 존재한다고 하면 틀림없이 현세와 연결되었다고 단언해도 좋은 내용이다. 그 정도로 지옥은 현세와 아주 유사한 부분을 내포하고 있다.

원신의 지옥 안내는 상당히 사실적으로 묘사된 작품이다.

목표로서는 불교의 포교에 유익하려고 의도적으로 썼던 작품이었지만 그 사실적인 육체적 고통과 정신적 고뇌의 표현이 역으로 사후보다도 현세의 고통, 고뇌를 연상시킨다. 그것이야말로 현재에 적용하여 보면 정말 이 세계야말로 지옥계가 아닌가 하는 생각을 할 정도다.

그것은 다소 그 지옥과 관련을 지어보라.

사람 입으로 지옥이라 말해도 여기서는 8가지로 나누어 각각 등활(等活)·흑승(黑繩)·중합(衆合)·규환(叫喚)·초열(焦熱)·대초열(大焦熱)·무간(無間)의 이름이 붙어 있다.

또 그 지옥 가운데 다른 16개의 지옥문이 각각 있고, 총계 136의 시련이 준비되어 있다고 한다.

이 지옥회도(地獄繪圖)를 읽고 걱정하는 것은 여러 가지 시련의 수법도 잔념으로 남아 있으면서 하나 공통하여 일관하는 것은 육체적 고통과 정신적 고뇌가 되풀이 되어 제한되지 않는 것이다.

즉 지옥에서 가장 두려운 것은 그러한 고뇌가 영원히 계속한다는 것은 아닐 것이지, 죽은 인간이 육체를 끊어버려도 지각(知覺)조차 잃어버리면 고통과 같은 것은 느끼지 못하므로 말하자면 극락인 것이다.

그러나 지옥에서는 그렇지는 않다. 고통과 고뇌의 시련이 끝나도 또 곧 재생하여 같은 고통과 고뇌를 재차 맛보지 않으면 안되는 것이다. 이것이야말로 지옥의 두려움이라 말할 수 있을 것이다.

먼저 지옥 가운데서도 가장 가벼운 등활지옥(等活地獄)에서 엿보자. 이하 《왕생요집(往生要集)》을 더듬어 보자.

"이 지옥에 떨어진 죄인들은 서로 상대의 부주의를 찾아내어 언제나 적개심의 불을 태우고 있다. 그리고 서로의 눈이 마주하면 마치 엽사(獵師)가 포착물을 눈앞에 했을 때와 같이 '자아!'라며 철같은 비정의 손톱으로 메달려 잡아 찢는다. 서로 피를 마시며 고기를 먹고 드디어는 뼈만인 인간의 자태를 남기게 된다.

또는 지옥의 혼이 손으로 쇠창이나 철봉을 가지고 죄인의 전신을 풀어주지 않고 두드려서 흐믈흐믈하게 때린다. 그 때문에 죄인의 육체는 산산이 부서지고 마침내는 토혼(土魂)의 형체로 부서지게 된다. 또는 예리한 칼로 죄인을 잘게 자른 채로 마치 요리사가 고기를 자르는 것 같다.

그러나 이 죄인들은 시원한 바람이 불면 갑자기 생자(生者)가 되어 또다시 일어나게 하여 똑같은 고심을 받는다. 이들 죄인의 숨을 되돌릴 때에 천공에서.

"자네들 원래대로 살려줄까!"
하는 소리가 들리기도 하고 귀신이 두갈래의 철봉으로 지면을 두드리며,

"살려줘, 살려줘!"
하고 외친다고도 한다. 이렇게 죄인은 숨을 돌려서는 피를 토해서 괴로운 나머지 기절하고 또 살려달라는 행위를 반복한다.

이 지옥에는 전술한 것과 같이 동서남북으로 문이 있고, 부속해서 16개의 지옥이 각각 설치되어 있다.

가령 제1의 문에는 시니지옥(屎泥地獄)이 기다리고, 한쪽에 고열의 똥이 니해(泥海)의 지경이 존재하고 있다. 시니는 괴롭고, 그중에 금강석 같이 단단한 부리를 가진 벌레들이 무수히 꿈틀거리고 있다.

배고파서 넋이 나간 상태의 죄인이 이 고열의 똥을 먹을려면 그 벌레들은 앞을 다투어 죄인의 몸을 먹으러 온다. 머리를 파괴하고 살을 먹고 뼈를 부수어 뼈골까지 맹렬하게 빨아들인다.

두번째의 문은 도륜지옥(刀輪地獄)으로 주변은 철벽으로 둘러져 있다. 이 가운데 화염이 맹렬히 끓고 모든 것을 완전히 태운다고 한다. 불길에 조금이라도 닿으면 죄인의 몸은 티끌같이 잘게 부서진다. 이 작열하는 철의 비가 내리다가 그치는 것을 알 수 없다.

또 이 중에는 칼날의 숲이 있고 그 칼에 죄인이 접촉하면 쓱쓱 몸이 절단되어 버린다. 더욱 더 칼날이 비와 같이 쏟아져 내리는 곳도 있어서 그러한 여러 가지의 고통은 도저히 참을 수 없는 것 같은 것이다.

제3의 문은 옹숙지옥(瓮熟地獄)이다. 여기에서는 철의 옹(瓮)에게 죄인을 투옥시켜, 콩볶듯이 천천히 볶게 한다.

제4의 문은 다고지옥(多苦地獄)으로서 이것은 하만억종류(何萬億種類)가 팽대한 고통이 있다.

그 지독한 고통의 수는 더 이상 말을 할 수 없을 정도로 어느 누구 하나가 말해도 칠전팔도(七顚八倒)의 고통을 맛보게 된다고 한다.

제5의 문은 암명지옥(闇冥地獄)이다. 죄인은 암흑의 어둠으로 떨어져 여기에서 끊임없이 암화(闇火)라는 것에 몸을 그을리게 된다. 죄인은 강풍이 몰아쳐서 금강석의 단단한 돌에 두드려지게 되고, 몸은 모래같이 작은 파편으로 사방으로 흩어진다.

열풍에 태워지는 상태는 마치 칼을 윤이나게 갈은 칼날로서 자르는 것 같다고 한다.

제6의 문은 불희지옥(不喜地獄)이다. 여기에서는 대화염이 주야(晝夜)가 구분없이 하늘을 그을리고 있다고 한다. 주둥이에서 불을 뿜는 새가 살고, 이상한 개나 여우의 묘한 음성이 가득하여, 상당히 기분이 나쁜 것이다.

그들 이상한 지옥의 동물들은 돌연히 죄인에게 기습해서 살을 뜯어 먹고, 뼈를 물고 늘어진다고 한다.

또 금강석같이 단단한 주둥이를 한 벌레가 뼈의 골을 빨아들인다고 한다.

제7의 문을 극고지옥(極苦地獄)이라 한다. 여기는 낭떠러지 아래에 있고, 언제나 철의 불에 몸을 태우게 되는 것이다.

다음, 이 고민을 등활지옥(等活地獄)에서 어느 정도 되풀이 해서 욕계육욕천(欲界六欲天)의 한 사람인 사천왕천(四天王天)의 수명을 5백년으로 나눈다고 한다.

사천왕천의 하루는 인간계의 50년이기도 하고, 그 시간 척도로서는 5백년의 수명이라 해서 1만 8천 2백 50년의 5백배, 말하자면 9백 12만 5천년이라는 아득한 세월을 여기에서 고통받지 않으면 안되는 것이다.

그것도 가장 짧다고 말해지는 등활지옥이 이 정도니까 후에 계속되는 지옥의 시간의 길이는 더 더욱 천문학적인 숫자가 될 것이다.

이러한 지옥의 두려움은 그 고뇌, 고통을 털어놓을 수가 없다. 어디까지 계속 되풀이 되는 고뇌, 고통은 공포를 초월한 별세계다.

우리들의 인생이 백년으로서도 그 백년에서 조차 참을 수가 없는 경우가 많기 때문에 그 쓸쓸하기가 무시무시함은 말문을 막히게 한다.

마음에 부질없는 죄의 지옥

등활지옥(等活地獄)을 지나면 제2의 지옥은 흑승지옥(黑繩地獄)이라고 일컫어진다.

여기에 떨어진 죄인은 귀신(獄卒)에게 포박되어 작열한 철의 지면에 강제로 엎드리게 한다. 그리고 불사른 철의 흑으로 몸에 종횡으로 흑선을 들이고, 그 선을 목표로 하여서 새발갛게 된 철로 절단시킨다고 한다.

혹은 불사른 조각으로 죽음을 제촉한다고도 한다. 여기에서도 또 죽여도 죽여도 죽을 수 없어 그 고통만이 천천히 반복되어 엄습해 온다는 것이다.

또 좌우로는 큰 철의 산이 있고, 그 산정에는 철의 승(繩)이 길게 늘여져 있다. 그 승의 아래에는 부글부글 끓어오르는 가마솥이 비좁게 나란히 놓여 있다. 죄인들은 그 승위를 건너가게 하고 발을 헛딛여서 금새 눈 아래의 철가마솥 마을로 떨어지고 골육은 지글지글하고 삶겨버리게 된다.

또 지옥의 귀신들은 죄인을 추궁하는 것만이 아니고 '자네들의 마음이 최고원수를 맺게 할 것이다. 이 원수야 말로 악을 초래하는 것이다'라고 설교를 한다.

'그 원수가 자신을 낮추게 하고 결국은 지옥의 염라왕과 연결되게 된다. 자네들 한 사람이 지옥에서 고통받고, 악사(惡事)의 과일을 먹게 된다. 처자친족(妻子親族)이라 하더라도 누구도 자네들을 구제할 수 없다 알겠는가!'

이 흑승지옥의 고통은 등활지옥의 고통의 10배라고 하는 무거운 것이라 한다. 그 지독한 고통의 시간도 3조 6천 5백억 년이라는 아득한 것으로, 정면으로 생각하면 이 지구상에서 인류가 멸망해도 역시 지옥의 고통을 짊어져야 하는 시간이다.

흑승옥에도 같은 16의 특별한 지옥이 있다.

가령 등환수고지옥(等喚受苦地獄)이라는 특별한 지옥에서는 죄인을 눈앞이 캄캄할 정도로 높은 낭떠러지에 밀어넣어 불탄

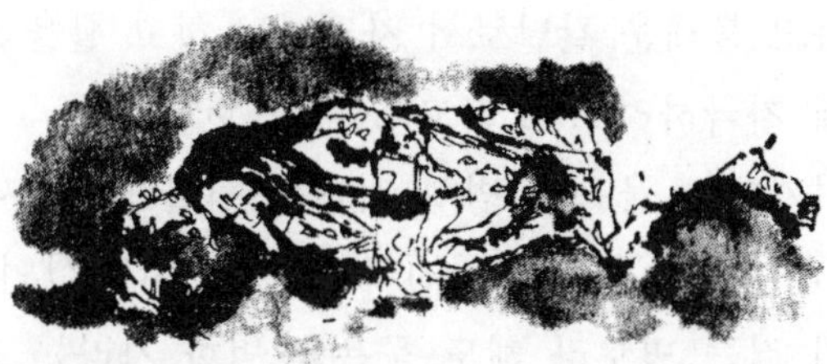

혹에서 묶어서 그곳에서 이삭끝이 수풀에 마구찔려 뜨거운 열의 지면으로 떨어진다고 한다.

죄인이 떨어지면 입에서 불을 뿜는 철의 이빨을 지닌 개들이 일체 달려든다.

몸은 8갈래로 분열되어 흩어지고 아무리 큰 소리를 질러서 도움을 요청해도 아무도 도와주는 사람이 없다.

또는 외경지옥(畏驚地獄)이라는 곳은 귀신이 곤장으로 죄인을 격심하게 고문한다고 생각하면 주야도 구분없이 죄인을 추궁하고 불태운 칼날로서 자르기도 하고 활을 맞추어 숨을 끊어지게 자극하려고 노리고 있다고 한다.

여기에는 물욕을 범한 자나 사람을 죽인 자, 음식물을 강분(强奔)한 자들이 떨어진다고 말하는데 살인이나 니봉(泥棒) 등의 죄는 별로라 해도 물욕을 범한 자라는 조건이 붙으면 과연 어떠한 사람들이 여기를 분명하게 알 수 있을 것인가?

욕정에 빠져 기절한 지옥

제3의 지옥은 중합지옥(衆合地獄)이다.

여기는 집단 밀착해서 고통받는 장소로서 소나 말의 머리를 한 옥졸이 고문의 도구를 각각 손에 들고 교대로 상대하여 철의 산으로 죄인들을 끌고 간다고 한다.

죄인을 산중에 억지로 밀어넣고 철의 산은 양쪽에서 끼워 놓고 압박하며 한 사람도 남김없이 짓밟아 버린다. 죄인의 몸은 산에 산산이 부서져 흩어지고 피는 바닥에 흥건하다. 혹은 철

의 산이 붕괴되어 떨어지고 죄인은 마치 모래조각 같이 조각조각되어 버린다 한다.

또 때로는 죄인은 돌위에 놓여져, 암석으로 눌러 찌부러 트리고 혹은 철 절구에 넣어져 절구대로 부순다고 한다. 이들 죄인을 지옥의 귀신이나 달군 철로서, 사자나 호랑이, 이리 등의 여러 괴수나 새, 독수리 등의 날짐승들을 그들 앞에 놓아 먹도록 한다.

귀신은 죄인을 묶어서 하천의 가운데 풀어 놓고 그 갈고리 위에 떨어뜨린다고 한다. 하천에는 빨갛게 달군 동이 골속골속 흐르고 있고 죄인은 그 위에 방치된다.

어떤 사람은 해가 뜨는 것과 같이 몸을 띄우거나, 어떤 사람은 돌과 같이 아래에 잠겨 있다. 또 어떤 사람은 하천이 흐르는데 발을 건져 내어 곧 잠기게 하여 양손을 하늘에 달아 호읍(號泣)하고, 어떤 사람들은 교대로 몸을 고통스럽게 울부짖는다.

이렇게 긴 시간, 지독한 고통에 번민하고 있어도 여기에는 의존하는 자도 없으며, 구제해 주는 임자도 일체 나타나지 않는다.

지금까지는 앞에서 말한 등활지옥(等活地獄)이나 흑승지옥(黑繩地獄)과 같이 육체적인 고통이 되풀이 되어 엄습하는 공포가 주로 말해주고 있는데, 중합지옥(衆合地獄)의 특색은 이후 정신적인 학대가 기다리고 있을 것이다.

귀신은 죄인을 포박하여 오면 칼날몸과 같이 예리한 나뭇잎으로 된 수풀에 방치한다. 그 나무의 정상에는 아름다운 얼굴

로 꾸며진 미녀가 있다.

그것을 본 죄인은 지옥에 있는 몸도 잊고 그 나무에 올라갈려고 시도한다. 그러나 칼과 같은 나뭇잎을 가진 나무는 금새 죄인의 살을 찢어 할부한다.

죄인은 전신을 산산조각으로 찢겨져도 역시 무엇이든 나무위에 올려 정상에 도착해 보면 여자는 어느 사이엔가 지상에서서 조용히 죄인에게 눈길을 보내면서 이렇게 말한다.

“아! 나는 당신을 사모하여 아래로 내려왔는데 어떻해서 당신은 나의 옆에 와 주시지 않는 것인가. 나를 포옹해 주시지 않겠습니까.”

듣고 있던 죄인은 금새 욕정의 불길이 떠올라 재차 내려가려고 하면 예리한 칼날 잎은 모두 위를 향하여 칼날과 같이 세워져 있다. 그렇지만 죄인은 체중을 분열시키면서도 지상에 내려간다.

그러나 내려가 보면 그 여자는 또 나무 위에 있어 말을 걸어온다. 죄인은 이것을 보고 같은 어리석은 일을 재삼재사 되풀이 한다.

죄인은 이렇게 해서 백천억년의 긴세월이 지나서 자신이 만들어 내는 망상, 집착에 쌓이게 되어 스스로의 마음에 몰두하여 이 중합지옥(衆合地獄)에서 끝내 하지 못하고 제정신을 차리게 된다.

이러한 고통을 맛보는 것은 모두 자신의 사욕(邪慾)의 생각에서 발하고 있는 것이다.

옥졸은 죄인을 나무라며 말한다.

"이것은 타인의 악으로 자네가 고통받고 있는 것이 아니다. 모두가 자업자득인 것이다. 인간이라는 것은 결국 그런 것이다."

끔직한 음란(淫亂)죄의 지옥

이 지옥은 생물을 죽이기도 하고 절도를 행하는 자 혹은 사음(邪淫)에 미친 자가 벌을 받는 곳이다. 여기도 또 16개의 지옥문이 있고, 그 하나로 악견지옥(惡見地獄)이라는 것이 있다.

여기는 타인의 자녀에게 대해 부정한 성행위를 강요하고 공포를 받은 자가 떨어져 고통을 받는 곳이다. 그것은 죄인의 자손이 그 피해의 자손과 같은 고통을 보여주는 비참한 장소다.

옥졸들은 철의 봉이나 송곳으로 그 죄인의 자녀의 음부를 찔러서 뚫거나 혹은 철의 갈고리를 그 음부에 박아 넣는다. 어떠한 죄인에 있어서도 내 자녀가 잔인한 처사에 몸부림치는 고통의 자세를 보여주어 사랑스러운 정에 참을 수 없어 그 슬픔에 너무나 고통스럽게 한다.

죄인은 이러한 정신적인 고통 뒤에 육체적 고통을 맛본다.

거꾸로 매달아서 걸쭉하게 풀어놓은 동(銅)을 홍문에 흘러들여보내는 것이다. 부글부글 끓은 동은 체내를 흘러 대소장을 타게 하고 그것이 완전히 타면 동이 입으로 흘러 떨어진다. 이렇게 해서 심신양면의 고통을 몇 만년의 긴 세월에 걸쳐서 받는다고 한다.

또 달리 다고뇌지옥(多苦惱地獄)이라는 곳이 있어 여기에는 남색(男色)에 빠진 음란한 자가 떨어진다고 한다.

그곳에서는 일찍이 남색에 제정신을 잃고 있는 남자를 목격하면 몸이 불에 둘러쌓인 것 같은 열이 나고 그 남자를 가까이 관계하면 모든 몸의 기관이 산산이 부서져 고통을 받는다고 한다.

여기에서 죽을지라도 또 숨을 되돌려서 이번은 남자를 보면 공포심이 일어나 도망가는데 그 때문에 단애절벽(斷崖絶壁)에서 발을 밟아 버린다. 그러면 어디에선가 불꽃을 주둥이에서 뿜어내는 까마귀나 불을 입에서 토하는 여우들이 무리지어 죄인의 몸을 먹으려 한다.

그와 달리 인고지옥(忍苦地獄)이라는 것이 소개되어 있는데 여기에는 타인의 부녀자를 범한 자가 떨어진다고 한다. 그 육체적 고통은 다고뇌지옥과 같은 것이나 여기에서는 서서히 화형(火刑)의 고통을 반복한다.

고통의 묘사는 어쨌든 중합지옥(衆合地獄)은 인간의 정욕의 어이없음이 계속해서 표현되고 있어 흥미진진하다.

그러나 여기에 기술되고 있는 것은 모두 남자의 입장에서의 것 뿐이다. 이 가운데서는 달리 여성만의 오견지옥(惡見地獄)이나 다고뇌지옥(多苦惱地獄), 인고지옥(忍苦地獄)이 있다는 것이다.

스웨덴보그도 지옥을 보고 있다

그런데 지옥은 아직 5개 정도 남아 있는데 우선 말을 되돌리자.

만약 가상으로 소개한 것 같은 지옥이 상당히 사후세계에 존재한다고 하면 우리들은 어떻게 하면 좋을 것인가?

우선 현대인인 우리들은 전원이라 말해도 좋을 만큼 지옥행의 자격을 얻을 것같다.

지옥계의 기술을 읽어가면 알 수 있는데 이 지옥에 떨어지지 않기 위해서는 상당히 엄숙한 현실세계의 제약이 전제되어야 한다.

그것이야말로 어떠한 생명도 입으로 할 수 없고 술도 유희도 허락되지 않는다는 소위 이 세계의 인간이 결정한 선악의 기준에 있어 생활을 강하게 하는 것이 된다. 이것들의 제약에 따르면서 아마 현대는 살수 없을 것이다.

다만 지옥계에 대한 경고는 단지 위협하는 도구라는 것보다 사후에 있어서도 이렇게 고뇌하는 것 같은 바보인 생활방식을 하는 충고일지 모른다.

그러나 이 지옥계의 말로는 종교적인 의미와 더불어 같다고 인식함으로서도 모두를 부정하는 의미는 아니다.

그것은 사후세계를 없앤다고 하는 스웨덴보그도 이제까지 소개해 온 '지옥'을 보고하고 있기 때문이다.

지옥계의 발상은 어느 방향인가 라고 말하려면 체험담이라는 것보다도 꾸며진 이야기 같은 분위기가 느껴지는 것은 우연보다는 불가사이하다고 볼 수 있을 것이다.

그리고 무엇보다도 충격적인 것은 앞서 소개한 등활지옥(等活地獄)에서 묘사되고 있는 것처럼 이 세상의 모양도 자주 유사한 세계가 존재하고 있다는 것이다.

마치 현세와 같은 지옥

스웨덴보그가 체험했던 지옥은 정령계(精靈界)에서 계속되는 지하의 세계이다.

지옥이 지하에 있다고 하는 것은 불교사상과 같다. 여기의 지옥계에는 인간계와 같은 집이나 거리, 산이 존재하고 있다. 다만 그 풍경은 다른 양상으로 형용할 수 없을 정도로 나쁜 양태를 하고 있다고 한다.

그곳에서 되풀이 되고 있는 광경은 더 이상 다툴 수 없다는 상태로서 거리의 다다른 곳에서 악담을 서로 주고 받으며 욕설과 잡소리의 소용돌이가 굉장한 세계였다고 한다.

그들의 노하여 울부짖는 말의 의미는 불명(不明)하지만 그 마음을 부수는 것 같은 매성은 성나고 미워함이 굳어 있고 듣기에 불편한 것이 없다고 한다.

이윽고 서로 욕설을 퍼붓는 것이 폭력으로 바뀌고 맨주먹·돌·봉 등으로 한 사람의 죽은 사람을 협박하여 강요한 것이다.

이 광경이 닥치는 곳으로 차례차례 전개하여 욕설과 고통으로 절규하는 소리는 지옥계에 충만해 있는 것이다.

단지 이 지옥계에서 벌어진 괴한 싸움은 신불(神佛)의 벌에 따라서 주어졌던 것이 아닌가 한다.

요는 지옥에 떨어져야만 하는 성격의 인간이 그 스스로의 성격에 의해 고통을 맛보고 있을 뿐인 것이다.

이 보고는 신불(神佛)에게 지배된 지옥극락론(地獄極樂論)

의 구도가 되어 버린 우리들에게는 다소 놀라움을 준다.

간단하게 말해 보면 '자신의 성격, 생활 자체의 악함이 사후에 지옥을 재현한다'라고 하는 것이고, 현세와 사후세계가 같은 실로 연결되어 있는 것을 나타내 준 보고이다.

《영계저술(靈界著述)》에서는 이렇게 쓰여져 있다.

'지옥의 벌은 그곳에 떨어진 사자 자신의 성격이 악함을 말하고 스스로 자초한 결과에 지나지 않는다. 그들은 여기에 도달해서도 또 다른 사자를 지배하고, 학대나 회롱하는 것으로 기뻐하고 있다. 그 때문에 이 세계는 무질서하고 자기 편리한 대립만이 존재하는 것이다.'

만약 지옥계라는 정의가 성립되지 않았더라면 이 세계는 틀림없이 현세 그 자체가 아닐까?

사후에의 몸치장을 생각해 보자

오늘의 세상을 보는 지옥도

스웨덴보그가 기술하고 있던 '지옥으로 떨어지는 성격의 인간'이라는 말의 뜻은 도대체 무엇을 말하고 있는 것일까. 이것은 중합지옥(衆合地獄)의 옥졸이 말한 '자업자득(自業自得)'이라는 말의 뜻과는 통할 것이다.

소위 그 사람 가운데 지옥이 존재하는 것으로 그 사람 자신이 그 지옥적인 성격에서 빠져나오지 못하면 백천억모년의 세월이 흘러도 절대로 거기에서 기어 나갈 수 없다는 의미로도 받아들여진다.

이것은 내가 말하는 '현세와 사후세계는 같다'라는 추론에 가깝다.

이 세상 속에서 지옥과 같은 생활을 한 자는 그 정신적, 육체적 체험은 참으로 지옥과 같이 거치는 것이며 죽었다고 해서 그 지옥의 체험은 변하지 않는다.

그것은 몇 번이고 말했듯이 도둑은 언제까지나 도둑이고, 살인귀는 어디까지나 살인귀라는 대자연의 법칙에 따른 흐름밖에 없다는 것이다.

우리들의 일상을 둘러보면 지옥과 같은 사건이 많다는 것을 느낄 것이다. 지옥은 사후에 존재하고 있는 것은 아니다. 소위 스웨덴보그가 목격했다는 지옥 혹은 불교사상 속에서 설파한 지옥이란 현세에 있어 지옥의 체험자가 한 덩어리가 되어 사후에 있어서 그 지옥을 재현하고 있다고도 말할 수 있다.

그것이 의외로 지옥이라는 정체인지도 모른다.

등활지옥(等活地獄)에서 말한 인간이 서로 죽이는 장면은 정치나 사상으로 서로 전쟁하는 것과 같다. 하물며 인간을 구원해야 할 입장의 종교마저 그 사상의 차이에서 증오하고 죽인다는 우를 범하고 있다.

이것은 최근의 국내 사건만을 취급해 보아도 현세의 지옥이 재현된다.

가령 어린이의 유괴 살해사건은 단순히 어린이를 살해한 것만이 아니라 물 속에 수장하고 그러고도 뻔뻔스럽게 부모에게 금품을 요구한다든가, 또 부녀자를 강간하고 협박전화를 걸어 돈을 요구하며 괴롭히는 잔인한 범인들이 세상에 공존하고 있다.

또 외국의 예지만 16, 17세의 소년들이 여고생을 감금하고 장난감처럼 데리고 놀다가 그 시체를 드럼통 속에 넣고 콘크리트로 막아 버렸다는 믿을 수 없는 집단 폭행살인이 있는데 이와 같은 행위는 아마 지옥의 귀신도 할 수 없는 일일 것이다.

현대는 죽음을 너무 가볍게 생각한다

더 가까운 주위의 지옥도 있다. 그 중에도 교통사고 등은 그 비참함에서 보면 지옥, 그것이다. 최근에는 또 연간 수만명의 사자(死者)를 내게 되었으며, 그 후유증으로서 가정 파괴도 많이 일어나고 있다.

또한 심각한 것은 자살자가 점점 증가 추세에 있다는 점이다. 그 수는 교통사고 사망자의 2.6배에 달한다.

그것도 고령자층에 증가 경향이 나타난다는 점에서 참으로 우리들은 사후를 기다리며 지옥을 보고 있는 것이 되는지도 모른다.

잔인한 살인사건의 다발, 교통사고의 사망자 증가와 자살자의 증가, 그 어느 것을 보아도 사후세계가 깊이 얽혀 오는 문제이나 어느 하나 빠져 있는 것같은 기분이 들어 어쩔 수가 없다.

소위 '죽음'이라는 것에 대하여 우리들은 너무 가볍게 생각하고 있는 것은 아닌지.

그것은 뇌사문제 하나를 들어서도 말할 수 있다. 의학의 진보에 의해 우리들은 큰 이익을 얻었으나 그것에 의해 우리들 인간은 단순한 물건으로서 밖에 취급되지 않는 것같은 입장에 떨어지고 말았던 것이다.

뇌사냐, 심장사냐의 논의는 그 나름의 의학적으로 역할하는 것이라고 해도 죽어서 가는 자의 입장에서 보면 딱 질색인 논의일 것이다.

죽어 나가는 자에 있어 진정으로 필요한 것은 단순히 1초 연장해 사는 것만의 문제는 아닌 성싶다.

하물며 대자연에서 받은 생명의 존엄을 잊고 의식적인 형편만으로 인간의 죽음을 판단해 버린다는 것도 생각할 문제다.

이것은 존엄사에 대해서도 마찬가지라고 할 수 있을 것이다.

존엄이라는 언어는 훌륭하다 해도 내용적으로는 자살신고, 혹은 살인방조라고 생각해도 잘못이 아닐 것이다.

요사이 미국에서 일어난 존엄사 사건으로 뉴욕주 최고재판소에서 존엄사를 승인한 여성 환자가 그 3일 후에 의식을 회복했다 하여 대소동이 벌어지고 있다.

만약에 존엄사의 적용대로 생명유지 장치를 떼고 있었다면 환자를 죽인 것이 되었을 것이다. 적어도 이와 같은 죽음은 우리들만의 판단만으로는 되지 않는다.

우리들은 좀더 '죽음으로 가는 사람'의 입장에 서서 죽음을 생각해야만 한다.

인간의 생명을 사물로서 취급하는 것이 아니라 죽음에 임박한 사람들에 대하여 어떻게 마음의 평안, 안심을 시켜 최고의 죽음, 최고의 기쁨 속에 죽음을 맞게 하느냐가 금후 최대의 과제로 되지 않으면 안된다.

사후에도 즐겁게 지낼 수 있는가?

대자연의 법칙이 가르쳐 주듯이 현세도, 사후세계도 마찬가지 사상에 존재하는 것이라면 우리들은 죽음을 눈 앞에 두고 무엇을 해야 할 것인가.

이것을 한 마디로 나타낸다면, '최고의 정신상태로 죽도록 사후에의 몸치장을 해주는 일이다'라고 말할 수 있을런지 모른다.

죽음의 공포에서 해방되어 최고의 상태로 죽음을 맞는다. 이것은 이상적인 죽음의 마음가짐일 것이다.

나는 지금까지 죽음에 임한 사람들을 만나 최고의 죽음을 원조해 왔다. 소위 이것은 다음 날 아침 잠에서 깨어났을 때 기분을 상쾌하게 하기 위한 마음가짐과 같은 것으로 어떻게 최고의 기쁨이 자기 속에서 끌어낼 수 있느냐에 달려 있다.

가령 임종의 일보 전에 있었다고 해도 최고의 기쁨으로 죽어가는 일이 중요한 것이다.

죽는 법을 제시한다는 것은 상식으로는 생각할 수 없는 일일지 모르나 나는 이것이야말로 죽음으로 가는 자에 대하여 최고의 선물이라고 생각하는 것이다.

물론 천국으로 가느냐, 극락으로 들어가느냐 그런 따분한 것을 말하는 것은 아니다. 그런 일이라면 나보다도 스님의 설득력이 더 있을 것이다. 그러나 인간이란 이상한 동물로서 천국이나 극락을 설파하면 할수록 지옥을 연상하는 것이다.

그 공포가 일순간이라도 일어나면 죽음은 공포로 변할 것이고 죽음으로 가는 자는 거기에서 불안과 고뇌의 지옥으로 떨어지고 마는 것이다.

그와 같은 설명을 임종 전의 사람에게 설명하기 보다는 죽는 일순 앞이라도 기쁨이 솟아나는 상태로 해주는 것이 필요하다. 실제로 나의 유도에 의해 죽음의 공포를 극복하고 '사후에도 즐겁게 지낼 수 있습니다'라는 말을 남기고 죽은 사람이 있었다. 그 죽은 자의 얼굴은 아무런 고통도 없고 실로 온화한 표정으로 변해 있었다. 주위의 사람들도 이 분의 사후 표정을 보고 납득을 해주었다.

죽음의 공포를 극복할 수 있는 것은 기쁜 마음 이외에는 없다고 나는 단언하고 싶다. 하물며 사후세계가 현세와 같은 선상에 있다면 기쁨 그대로 죽음으로 가는 것이 얼마나 중요한지를 알 수 있을 것이다.

이와 같은 일을 말하면, '죽음이라는 슬픈 사실에 직면하고 있는데 무엇으로 기뻐하는가'라고 핀잔을 살지 모르지만 그 비판은 죽음을 목격한 적이 없는 사람이 말하는 넉두리이다.

죽음은 가족이나 친족을 슬프게 하기는 해도 진짜 본인은 어떻게 받아들이고 있는지를 생각해 본 일이 있는가.

결코 가족이나 친족이 통곡하고 슬퍼하는 일은 사자(死者)는 기대하고는 있지 않다. 그것보다도 남아 있는 가족이나 친족들이 자기가 죽은 뒤 착실하게 살아가길 마음 속으로 바라며 죽었는지도 모른다.

죽음이 슬프다는 것은 적어도 당사자가 아닌 다른 가족들인 경우가 많다.

죽음으로 가는 사람들과 어떻게 교제하나

《죽는 순간》이라는 저서를 낸 미국의 정신의학자 캐블러 론스는 죽음을 목전에 둔 사람들과의 대화를 모아서 실제로 인간이 죽음에 임했을 때 도대체 어떻게 대처해야 하는가 라는 중요한 문제를 우리들에게 던져 주었다.

그는 이 저서 속에서 죽음에 임박한 사람에게 가장 필요한 것은 정신적 평안과 안심을 주는 일이라고 말하고 있다.

특히 가족이 붙어서 침묵 속에 마음의 평안과 안심, 소위 정신적 치료를 행하는 것이 이상적이라고 했다.

그러나 실제문제로서 침묵인 채로 죽음에 임하는 자의 마음을 최고의 상태로 할 수가 있을런지. 만약 가능하다면 그 가족 전원이 최고의 상태로 나날의 생활을 반복하지 않으면 안된다.

일순간이라도 불안한 모습을 보이면 그것만으로 상대는 불안을 증폭시키게 된다.

이 책 속에 흥미진진한 대화가 수록되어 있는데 다음에 소개하고자 한다.

〈내가 노녀(老女)를 방문했을 때 그녀는 공포에 질린 표정을 하고 있었다. 그리고 대단히 쇠약해 있었다. 나는 무엇이 그렇게 두려우냐고 간단히 물었다. 그녀는 나를 보고 조심스럽게 공포의 내용을 밝혔다.

그녀의 공포는 너무나 터무니 없는 일이므로 지금까지 누구에게도 말하지 못하고 있었다고 한다. 그녀는 '산 구데기에게 물린다는데' 그것으로 공포를 느끼고 있었다. 내가 숨을 삼키고 이 진의를 이해하려고 노력하고 있었더니 딸이 곁에서 말을 꺼냈다.

"그런 곳으로 어머니가 죽을 수가 없다고 하니 우리들의 속이 타는 거예요."

물론 딸은 화장하니까 구더기 같은 것이 달려들 일이 없을 것이란다. 그러나 이 말에는 딸의 억압된 분노가 엿보였다.

나는 잠시 노녀와 단 둘이 있었다. 우리들은 조용히 그녀에게 일생동안 붙어 다니던 공포증과 그리고 그녀의 죽음에의 공포에 대해 이야기를 나누었다. 그녀의 죽음의 공포는 구더기에의 공포로 표현된다. 마치 사후도 구더기를 느끼는 것같이 그것을 두려워 하고 있었다는 것이다.〉(중략)

죽음으로 가는 자에게는 사소한 말도 공포로 변한다. 간병하는 자가 슬픔에 잠겨 있다든가 분노가 초조한 언동을 보이면 그것만으로도 공포에 사로잡혀 산지옥을 맛보게 되는 것이다.

가령, 심장질환으로 언제 죽을지 모르는 젊은이에 대해서 그 모친이 취한 행동에 대해 기록되어 있다.

〈나는 콜로라도의 어느 어머니와 이야기한 적이 있었다. 그녀에게는 젊은 자식이 있었다. 의사들은 다소 운동을 허용하고 있었으나 어머니는 자식에게 일체의 운동을, 극히 가벼운 운동마저도 금하고 있었다. 이야기 중에 어머니는 가끔,

"자식에게 운동을 시키면 나에게 매달려 죽고 말거예요."

라는 의미의 말을 했다. 그녀는 마치 자식이 만사에 어머니에게 의지한다는 적대적 행위를 지금이라도 저지르지 않을까 하고 두려워하는 듯한 어조였다.

'이런 나약한 자식'〔그녀는 그것을 무능하여 출세하지 못한 남편 탓이라고 여겼다〕을 갖고 있다는 데에 대한 분노를 우리

들에게 토로한 후도 그녀는 자기 자신의 혐오감에는 조금도 느끼지 못하고 있었다.〉(중략)

그녀는 이 파괴적 소원을 자식 탓으로, 그녀의 사교적 전문 직업자적 생활이 현저한 제약을 받고 있다면서 또 자신이 지식 탓으로 남편과 마찬가지로 아무런 역할도 못하는 무능력한 인간으로 만들고 말았다고 말하며 합리화 하고 있었다.

확실히 어머니의 입장에서 본다면 죽음이 임박한 나약한 어린이에 대해서 그것을 감싸는 것은 애정일지도 모른다. 그러나 그 애정은 이 세상의 '생'을 거부하고 무기력화를 재촉하는 것밖에 되지 않는다.

그 이면에는 복잡한 가정 사정이 숨어 있을 것이나 적어도 이러한 사람들에게는 죽음으로 가는 자를 전송하는 자격은 없다고 말하지 않을 수 없다.

어느 암환자의 고백

이 보고 속에는 암 말기 환자의 인터뷰도 수록되어 있다.

환자 P씨는 50대 중반의 남성으로 '가족을 실망시키고 있는 것은 면목이 없다.' 가족의 기대에 어긋나는 것은 자신이 나쁘다고 자신을 책망하고 있듯이 말을 시작했다고 한다.

〈잠자는 것이 유일한 구원입니다. 깨어 있는 시간은 일각일각이 고통입니다. 완전히 고통입니다. 거기에는 마음의 안정이 없습니다. 나는 스스로 본 처형된 두 사람의 남자가 부럽다고 생각합니다. 나는 최초의 남자 바로 앞에 앉아 있었습니다. 나는 아무 것도 느끼지 못했었습니다. 지금 나는 그가 행운아였다고 생각합니다. 그는 죽음을 당한 것이 행운이었습니다. 그에게는 고통이 없이 신속한 고통이 없는 죽음이었습니다. 그러나 나는 여기 침대에 누워 있었습니다. 한시간 한시간이, 하루하루가 고통입니다.〉

P씨는 육체적인 고통이라든가 불쾌감에는 별로 관심이 없었다. 그의 고민은 가족의 기대에 벗어난, 자신이 '실패자'라는 후회에서였다.

P씨는 결혼하고부터 암으로 쓰러지기까지 가족을 위해 좋은 가정을 꾸미려고 몸이 가루가 되도록 계속 일했다고 한다. 마치 우리나라의 남편을 보고 있는 것 같은 모습이었으나 이러한 모습은 세계 공통인 것일지도 모른다.

그러한 사람이 꿈을 달성할 수 없는 채로 병상에 있어 그곳에서 지옥같은 고통이 시작되는 것이다.

한 가지 P씨의 가족을 말하면 빈번하게 P씨를 문병하여 건강을 걱정한다는 이것도 또 그림에 묘사된 것과 같은 가족으로, P씨의 증언에 의하면 처는 언제라도 '일찍 잘 되어서 퇴원한다면 여차 여차의 일을 해 주면'라고 말하고, 딸은 '아버지, 잘 된다면 행복해요'라고 건강을 걱정해 준다고 한다.

그러나 그 건강 걱정도 미련없이 죽음을 면하고 싶다는 P씨에게 있어서는 고통을 생각해 내는 원인이라 하지 않을 수 없다.

P씨는 이렇게 말한다.

"어떻게 하면 평화 가운데 죽습니까?"

무엇을 해서 평화라는 것인가 잘 알 수 없지만 어느 쪽이든 죽음을 각오하여 절망상태에 있는 사람에게 얼마 전의 바램을 말하여 건강을 걱정함으로서도 그것은 본래로 돌아가 정신적인 부담이 되는 것이라는 실 예이다.

죽음도 역시 최고이다

죽음을 가진 인생을 완결시키는 것은 죽음으로 가는 당사자, 그리고 그것을 간호하는 사람에게 조차도 상당히 어려운 문제를 가지고 있다고 말해도 좋을 것이다. 그러나 그 죽음의 한계를 복잡하고 어렵게 하고 있는 것은 단적으로 말해서 죽음을 각오하고 우리들 인간의 편리함에서 생기고 있다고도 말할 수 있다.

가혹하게 말하는 것이 될지도 모르지만 나는 현세를 최저의 의식, 정신상태, 마음에서 생겨 있다면 죽음을 눈앞에 두고서 지옥은 당연하다고 생각하고 있다.

죽음의 찰나에 아무리 천국이 있다, 극락이 있다고 설명해도 그것은 입으로 하는 것뿐 죽음으로 가는 자에게 반대로 사후의 공포를 주는 것이 될 뿐이다.

앞에서 기술한 것과 같이 죽음의 공포에서 해방되어 최고의 상태에서 죽음을 맞이하는 데는 사후로의 몸치장을 하는 것이 중요한 것이다.

언제라도 최고의 상태에 자신을 두고, 최고의 마음으로 살아간다. 이것이야 말로 이상적인 죽음의 심사를 구축하는 것이라고 말할 수 있을 것이다.

나는 지금까지 죽음에 임한 사람에게 처한 상황에 있을 때에 최고의 죽음으로의 방법을 제시해 주었던 그것이 죽음으로 가는 사람에게 대해서 최고의 선물이라고 생각하고 있기 때문이다.

불가사의한 것으로 죽음에 대한 불안이 없게 되면 인간은 솔직히 수명을 다한 것이다.

가령 암에서 고통받고 있는 사람이 죽음에 대한 불안을 극복하고 건강하게 된다는 이야기도 있다.

이 현상을 현대의학이 어떻게 분석하는 것인가 알 수 없지만 불안에서 해방되는 죽음을 진정면으로 보고, 그 공포나 대자연의 법칙을 통해서 살아가면 인간은 확실히 나타났던 수명을 다해서 죽음의 공포 등을 초월한 차원에서 존재할 수 있는 것이다.

죽음으로 가는 것도 최고의 기쁨이다.

그것을 나는 죽음으로 가는 사람에게 실천하게 하고 최고의 죽음을 맞이하게 하고 있는 의미이다. 그것은 어떠한 것인가 다음 장에서 서술해 보기로 한다.

제 8부

당신이 가는 사후세계

죽음의 불안을 극복한 사람들

인간은 기쁨의 표현체

사후로의 관문으로써 '죽음의 한계'라고 하는 것이 기다리고 있다. 여기를 어떻게 요행히 통과하는가에 따라서 사후는 결정된다고 말해도 좋겠다.

말하자면 죽음을 직면했을 때 그 사람의 삶 그대로의 모두를 답함으로써 떠나 버린다는 것이다.

인간의 역사라는 것을 더듬어 생각해 보면, 나는 인간이 종교라는 것을 고안해 낸 무렵부터 죽음의 한계라는 것이 일변한 것같이 생각하지는 않는다.

확실히 종교가 도입되기 이전의 인간은 죽음의 한계는 실로 거칠은 들판이고, 의식화 되지 않은 난폭한 면이 있었지만 반면 그 죽음 자체에는 인간으로서의 왕성함이나 신성함이 느껴졌던 것이다.

그러나 인간의 생활방식 그 자체로서는 아니고, 부처에 의해서 사후가 보증된다는 생각의 종교가 정착하는 것과 동시에 우리들 인간은 언제라도 무엇인가를 기대하고, 무언가를 준다는 구걸스런 자세로 사후에 대처하고, 애련한 구원을 구하며 아주 연약하게 변해 버렸던 것 같다.

속마음으로는 부처의 이름과 함께 고통스런 현재로부터 도피하려는 기지가 다분한 움직임이 있다. 다만 사후의 관문을 목전에 두었을 때, 그렇게 한 기쁨이 작지 않은 인생을 엄숙하게 묻게 되는 것이라고 생각한다.

인간은 본래 최고의 감정을 표현하여 즐거운 생이 될 수 있는 유일한 동물인 것이다.

마침내 인간은 동물계에 있어서 유일한 기쁨을 표현할 수 있는 생의 동물이다. 그것을 잊어버리려 고심하는 현실에서 도피하려는 듯이 지혜를 사용하고 있는 것으로는 인간의 자격을 묻게 될 것이다.

나는 인간을 '기쁨의 표현체'라고 받아들이고 있다. 이미 기쁨의 종류는 자신의 가운데 존재해 있고, 그것을 인생의 안으로 표현해 가는 것이 인간으로서 생활해 가기 위해 필요한 일인 것이다.

먹는 것에 기쁨을 표현하고, 일에 기쁨을 표현하고, 가족에게 기쁨을 표현하고, 친구들에게 기쁨을 표현하고, 그래서 생활하는데 죽음에 대해서도 기쁨을 표현할 수 있을 것 같은 그러한 인생을 주어진 수명 속에서 표현해 가는 것을 설명한 것이다.

웃는 얼굴로 죽음을 맞이한다는—어떤 할머니

죽음에 대해서 '기쁨'이라는 말을 사용하는 것은 몹시 비상식적인 말이라고 여기면 안되는데, 죽음을 받아들이는 사람에 있어서 보면 눈앞에 닥쳐 온 죽음을 공포라고 하든가, 기쁨이라 하든가의 문제는 상당히 중요한 일이다.

지금까지 죽음에 대한 사고방식은 인류가 죽음에 대해서 초점이 엇갈림을 가져 온 것으로 본래는 즐거운 인생을 생각해 냄을 내포하여 생활해 온 것을 감사함과 함께 기쁨 가운데 죽음으로 가는 것이야 말로 진실인 것처럼 마음을 갖지는 못했다.

가령 여기에서 내가 죽음을 간호한 가족으로부터 의식의 서한이 있다. 거기에는 다음과 같은 불가사의한 보고가 기록되어 있었다.

〈먼저는 선생의 귀중한 시간을 할애해서, 조모의 배웅을 해주신 정성에 대단히 감사드립니다. 상세한 것은 상경했을 때 직접 눈으로 확인하여 전해드리겠지만, 선생이 돌아오게 되어서 놀람을 금할 수 없었으므로 급히 편지로 알려 두었습니다.〉

조모는 선생이 돌아오게 되어 병상에서 웃음 띤 얼굴을 우리들 가족에게 보였습니다. 놀란 것은 이런 미소띤 얼굴을 여태까지 한 번도 보인 적이 없는 조모였기 때문입니다. 무엇이 즐거운 것인지 우리는 곧바로 이해되지 않았지만, 반드시 선생과 조모의 주고받음의 가운데 무언가를 깨달았다고 생각됩니다.

조모는 그날로부터 4일 후인 17일에 돌아가셨습니다. 그것도 시종 웃는 얼굴을 한채 어떤 고통도 없이 잠든 것같이 돌아가셨습니다.

그리고 놀란 것은 조모의 죽은 원인은 노쇠라고 의사가 판정하였습니다. 조모는 구두(口頭)암과 위암의 선고를 받고 있었는데 그 암의 응어리가 흔적도 없이 사라진 것입니다.

이미 우리 가족들은 조모를 무사히 보내드리고 울며 불며 경황이 없었습니다. 그도 저도 선생의 덕택이라고 감사드리고 있습니다.〉 (후략)"

이 가족들은 현재 시내에 살고 있는데, 내가 초대받아 나왔을 때에는 그 할머니는 상당히 고통스러워하는 것 같았다. 정신적으로도 육체적으로도, 그것이야 말로 인생의 더러워진 마음을 죽음의 한계로 폭로하고 있는 것 같은 자세였다.

죽음의 방정식에 편파는 없다

나는 아무것도 특별한 것을 그 조모에게 말한 적은 없다. 다만 '기쁨을 적절히 표현하여 사후도 즐겁게 해 주지요'라고. 성공 전의 일을 성공 전같이 할머니에게 이해하기 쉽게 전하는 것만큼의 일인 것이다.

다만 그것만큼의 일이었다 해도 그것이 동기가 되어서 기쁨이 마음속 깊이에서 기운이 솟아나는 것도 있는 것이다.

물론 이 할머니의 경우는 솔직히 나의 말을 받아들일 수 있었기 때문에 상당히 행운적인 죽음의 방식으로 사후에의 문을 열었다.

보통으로는 이렇게 요행스럽게는 안된다. 그것은 '사후로의 신사도(身仕度)'가 견실하다고 할 수 없기 때문이다. 교묘하게 스웨덴보그가 서술했던 식으로 '지옥에 떨어져야만 하는 성격' 소위 그 사람의 생활 자체가 죽음을 눈앞에 두고서도 절실히 구애를 마쳤기 때문이다.

가령 이런 예도 있다.

그 사람은 대단히 유복한 환경에 있어 무엇이라도 부족함이 없이 여유있는 생활을 하고 있었지만 죽음의 한계에 이르렀는데 체험을 많이 한 만큼 가혹했던 것이다.

이 사람은 인망(人望)도 있고 많은 인맥도 있어서 입원한 병원의 설비는 최신식으로 장비되었고 담당 주치의도 최고의 권위자였다. 그러나 역시 고통에 허덕이고, 몸부림치며 사후로 쓰러져 간 것이다.

이러한 사람은 현세와 사후의 가까움을 완전히 이해할 수 없다. 일체 이해하지 못한다고 말하는 편이 좋을 것이다.

분명히 물질차원의 현세에서는 이 사람은 그런대로 위대한 인물였을 테지만 사후로의 여행길에는 그들은 전혀 무관한 것이다.

상식적으로 생각해 보면 혜택되어 있는 사람의 죽음의 한계는, 그 재력을 말하고, 의료환경도 최고의 것이 설비되어, 즐겁게 죽어갔다고 생각도 하지만, 대자연의 법칙과 이러한 것에는 일체 편애는 없었을 것이다.

역시 '지옥에 떨어져야만 하는 성격'의 인간은 빈부의 차와는 관계없이 죽음의 한계에 있어서도 그 성격으로 인해 지옥을 재현해 끝난 것이다.

그것이야말로 전재산을 주어서 죽음의 공포를 없애달라고 의뢰해서도 그 지옥이 본인의 마음으로부터 살아있다고 하면 아무리 최고의 의료기기가 준비되어 있어도 어쩔 수가 없는 것이 현실인 것이다.

다시 말해서 이 사람은 인간이 '기쁨의 표현체'라고 하는 것을 알지 못함에 고통 정도로 마음 가운데 새겨두어 버렸기 때문에 되돌아 오지 않는 죽음에 한계를 맞이했다고 해도 과언이 아니다.

사후로 가져 갈 수 있는 것

어떠한 입장의 인간일지라도 죽을 때는 모두 같다. 그것에는 어떠한 차이도 없다. 재산이 산더미 같이 있어도 사후에는 갖고 있지 못한다.

더구나 명예나 명성은 현세에 남아있을지라도 역시 사후까지 갖고 가지는 못한다.

사후로 가져가는 것은 다만 하나, 그 사람〔본심〕이다. 사후로의 관문을 통과할 때에, 그것이 어떠한 마음이었는지가 판명된다.

고통을 없앨 수 있었던 마음이라든가, 고뇌를 없애는 마음, 불신의 마음, 공포만의 마음이라든가 그것은 여러 가지 형을 가져 죽음의 관문을 통과시켜서 가는 것이다.

단적으로 말하면 기쁨의 마음을 가진 사람이 이긴다.

찡그린 얼굴로서 생활하는 것도 일생이라면 기쁨을 함께하는 생활도 일생이다. 같은 일생에 있어서도 거기에는 엄청난 차이가 있다.

더구나 기쁨에는 빈부의 차이가 있는 것은 아니다. 이것은 죽을 때와 같은 조건이다. 차이가 있다면 생각된 것은 현세로서의 물질적인 측면만의 문제인 것이다.

대자연으로부터 인류가 평등하게 나타난 것은 틀림없이 기쁨으로 죽는 것은 아닐 것이다.

이와같이 말하면 '인생에는 그렇게 기쁨의 순간은 많지 않다' 라고 반론을 하게 된다.

그러나 그것은 다르다.

그 사람의 기쁨의 힘, 파워가 없는 만큼의 문제인 것이다. 이 일에 관해서는 다른 기회에 상세히 기록하겠지만, 간단하게 설명해보면 기쁨은 얼마든지 자신의 안에서부터 나오는 것이어서, 있든가 없든가의 차원의 문제는 아닌 것이다.

예를들어 1백만원으로도 기쁜 사람이 있는가 하면 1억원으로도 기쁘지 않은 사람도 있는 것같이 기쁨이라는 것은 그 사람이 표현하여 가는 것이어서, 결코 있다라든가 없다 라고 하는 것은 아니다.

더구나 기쁨에는 선악이 없다. 이론도 까닭도 존재하지 않는다. 윤리도 도덕도 관계가 없다.

원시적인 대신에 이것 이상 인간을 최고의 상태로 지나가는 것은 아닌 것이다.

극단적인 말로 지옥의 괴로움조차 기쁨으로서 해 나간다면 지옥 그 자체의 의미를 잃어버린 것이 될 것이다. 물론 이것은 이유로써 실제로는 불가능에 가까운 말일 것이지만 적지 않은 것이라도 기쁨에는 그러한 힘이 숨어져 있는 것이다.

사후로의 몸치장

독일의 알퐁스 데겐교수는 인간에게는 '죽음으로의 준비교육'이 필요한 것을 제창하고 있다. 말하자면 아무리 요행스럽게 죽는다고 하는 문제를 학문으로서 받아들이고 있는 것이다.

독일에서는 죽음에 대한 문제를 학교의 교육과정에 설정되어 있다고 한다. 최근에는 미국에서도 고등학교나 대학에서 죽음에 대한 강좌가 개설되도록 되어 있지만, 한국이나 일본에서는 전무에 가까운 상태다.

지금까지 죽음은 금기시되어 그다지 거론되지 않았던 분야인데 절대로 피할 수 없는 현실로서 죽음의 존재하는 것이 있다면 이미 다소 우리들은 죽음에 대해 진지하게 대처해야만 할 것이다.

다만 죽음은 학문적으로 보여지는 것은 아니고, 기쁨이라는 실행가능한 부분에서 연구를 진행하고 싶은 것이다.

우리들의 존재는 생과 사의 표면일체의 안에 있고, 지금까지 생활한 것 만큼의 결과였다고 생각하는 방식에서 이미 일보 진전하여 죽음의 측면, 결국 상대측에서 생을 생각해 보는 것도 필요한 것이다.

그리고 그 생과 사의 양면에 유효하게 움직이는 것이 '기쁨'

의 마음임을 인식하여 받아들였으면 하고 생각한다.

어째서 내가 죽음의 공포에 대해서, 기쁨의 마음을 특효약이라고 제창하고 있는 것인가 하면 현실적으로 죽음의 공포를 취한 쪽이 효과를 많이 보고 있기 때문이다. 그 이론과 이유는 어쨌든 현재 기쁨의 마음이 모두를 해결하는 힘이 있는 것을 알 수 있기 때문이다.

그것이 사후에 걸린 문제인 것만은 아니고 현세에 있어서의 생활방식에도 크게 작용을 나타내고 있다.

우선은 실제로 기쁨을 자신의 것으로서 표현하고, 죽음의 공포에서 해방되었던 사람들의 증언을 들어보고자 한다.

• 죽음의 공포에서 건강 노이로제

(K · Y씨의 경우)

"확실히 말해서 나는 죽고 싶지 않다!"
라고 언제나 생각하고 있습니다. 전쟁 후의 혼란기를 극복하고, 아내와 땀을 흘려서 쌓아올린 재산에도 미동이 있었지만 겨우 일어나 남들과 같은 생활을 할 수 있도록 되었다고 생각했는데 벌써 60대입니다. 누구라도 조금은 즐거운 인생을 맛보고 싶다고 생각하겠지요.

그런데 그렇게 생각하기 시작하니 이미 생활하고 있는 일 자체가 두려워서 밤이 되면 이부자리에 들어서도 도대체 잠이들지 않습니다.

이대로 죽어버리면 안되는데 하는 불안함이 가득했기 때문입니다.

그러니까 건강의 문제에 민감하게 되고 조깅을 시작하기도 하여 건강에 관한 모든 방면에 손을 썼습니다. 그런데 기묘한 일로 건강과는 정반대로 나는 큰 병을 걱정해 버리는 것입니다. 그래서 지푸라기를 잡는 생각으로 선생님에게 직접 지도를 받았을 때 죽음의 공포가 소멸하고 동시에 질병도 모두 회복했던 것입니다.

지금까지도 잘 깨어났는데 선생은 '기쁨이상으로 당신을 치료시킬 약은 없습니다'라고 나에게 말했습니다.

돌연히 '기쁨'이라 말해져도 그것이 무엇인가 나에게는 잘 이해되지 않습니다만 지금에 와서 보면 이러한 것을 이해하는지가 이유를 납득하지 못했습니다.

자신의 가운데 자연으로 나온 것입니다. 정말로 기쁨이 치밀어 오는 것같이 되었기 때문에 죽음의 공포 등을 어딘가로 몰아쳐 버렸습니다.

지금은 아무것도 마음에 없습니다. 반드시 죽을지라도 이 최고의 기쁨의 마음은 계속되는 것이지요.

(K · Y생)

K · Y씨는 의학적으로 '죽음의 공포증'이라 할 수 있는 정신적 노이로제에 걸려 있었다. 이 분은 상당히 노력가로서 자신을 죽음으로부터의 공포를 없애려 하고 있었지만 그것이 되돌아 와서 역효과가 되어 큰 병의 어떤 원인으로 쓰러뜨리는 불운을 초래해 버렸던 것이다.

이러한 증상을 가지고 있는 분이 최근 갑자기 많아졌다. 말하자면 죽음이 두려워서 잠들지 못한다고 하는 마음의 정리, 기쁨의 하루를 끝낼 수 없는 사람이 많아지고 있는 것이다.

이것은 우리나라가 경제대국이 되고 물질적인 풍부함을 가진 것과 무관하지 않을 것이다. 필요한 것이 손에 들어오는 만큼으로 시종일관하고, 버린 것을 잊어버렸던 결과라고도 말할 수 있는 것이다.

• 남편의 죽음이 기쁨의 눈물이

(F・M씨의 경우)

다음은 어느 주부의 편지이다.

〈결혼생활 8년이 되던 해 남편이 불치의 병에 쓰러졌을 때에는 그것이야 말로 마음도 미쳐버릴 정도의 쇼크를 받았습니다. 아무런 직업도 없는 나는 남편을 잃음으로 장래에 불안을 느껴 어쨌든 남편이 조금이라도 오래 살아있을 수 있도록 하고 그 병상에서 기력을 북돋아 주었습니다.

지금 생각하면 그것은 사랑이라기 보다는 타산, 나의 입장의 편리함으로 남편의 급료에 매달려 있었다고 밖에 생각되지 않았던 것 같습니다. 인간으로서 보다도 물질로서 남편을 보고 있는 것 같은 경우가 있었다고 생각합니다.

그런 마음이 나의 힘이였으며 남편에게서는 고통같은 것이었습니다. 남편은 완전히 죽음을 각오하고 있었지만, 불안한 얼굴로 간호하는 나나 자식의 자세를 보고, 어떻게 해서든지 살아야만 한다고 역으로 고통속에서 발버둥치게 되었습니다.

인연이 있어서 선생님에게 상담했을 때, 병원에서 남편을 떠나 보내고 남은 가족 3명과 즐겁게 생활해 가라고 말씀했습니다. 그래서 마음속에서 기쁨이 있는 생활로서 남편을 사후의 세계로 보내주라고 가르침을 주셨습니다.

나는 남편을 구하고 싶은 한 마음으로 나를 잊고 꿈속에서 그 말을 실행으로 옮겼습니다.

놀라운 것은 1개월 후라고 기억되는데 남편은 그로부터 1년 더 살았습니다. 가족 3명으로 4계절이 변함을 즐겁게 보내고, 짧은 여행도 다녔습니다.

남편은 죽음에 이르러 나와 자식을 양팔로 감싼 채 웃는 얼굴로 떠났습니다. 나는 그런 남편을 보고 슬픔보다도 사후의 세계로 보낸 것에 기쁨을 느꼈습니다. 뒤늦게이지만 이것이 진정한 이별의 방법이라고 생각하고 싶었습니다.〉

(F・M子)

자신의 이해(利害)가 사라지고 진실로 사랑하는 사람에 대해서 헌신적으로 되었을 때 사정은 일변한다. F・M씨가 나를 잊고 남편으로 다하겠다고 결의했을 때부터 모든 일상생활을 풍요롭게 되고 기쁨이 함께 하여 감동이 많은 인생으로 변해진 것이다. 죽음으로 떠난 남편은 자연의 완성인 채로 되고 마음의 부담도 가졌던 것에서 상당한 수명이였던 1년간을 누릴 수 있었다.

F・M씨의 헌신적인 남편으로의 애정은 옆에서 보는 나에게

도 감동을 주는 것이었다. 실로 깨끗한 죽음을 보내 준 사람으로서 마음에 남아 있다.

• 악령에 매달리게 되어

(T・Y씨의 경우)

T시에 살고 있는 T・Y씨는 악령에 저주되어 사후의 공포에 부서져 있는 사람이다.

〈나는 죽음의 공포에 매달린 것은 10년전 부터입니다. 그때까지도 죽음에 대해서는 엷은 기미의 나쁜 느낌을 가지고 있었는데 그것을 결정적으로 가진 것이 묘석전도(墓石轉倒)의 사건으로 부터이다.

나는 믿음이 깊고 양친 성묘에는 빠지지 않고 갔습니다. 그러던 어느날의 일입니다. 물통을 옆에 두고 옆의 묘석에 손을 댔을 때 돌이 여러 조각이 나며 넘어져 버렸습니다.

절의 주지에게 물어보았더니 그것은 무연불(無緣佛)로 되어 있어서 여하튼 강호시대(江戶時代)에 수참(首斬) 관리인이었다라고 말하는 것이었습니다.

그로부터였지요. 나는 이유도 없이 죄의식이 강하게 되고, 그 묘의 수복이나 공양을 몇 번 하지 않았는데 그렇게 하면 하는 만큼 내 주변에 불행한 일이 일어났습니다.

자면서도 지옥에서 수참관리인이 기다리고 있어 자신의 머리를 자르는 꿈을 보았고, 일어나 있어도 수참 관리인이 기회를 보고 자신을 사후로 유인하려는 기분이 들어서 불안정한 나

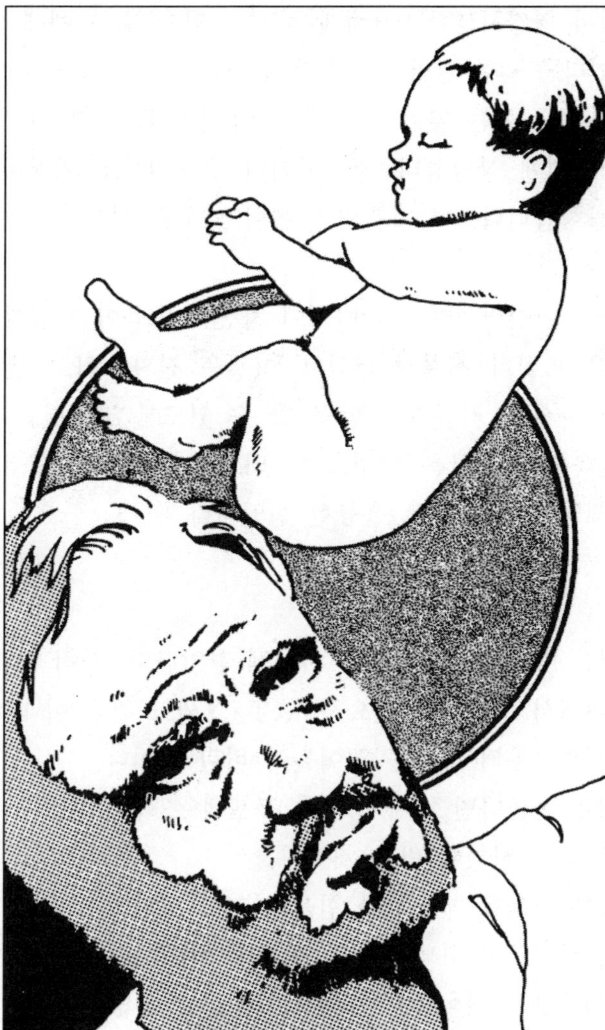

날을 보냈습니다.

그래서 영감사(靈感師)에게 점을 받았을 때 나에게 악령이 붙어 있다는 것을 알았습니다. 틀림없이 그를 통해서였지만 이미 죽음으로 가는 것이 두려워 할 방법이 없었습니다.

선생님에게 상담하니 '저주되거나 혐오되어도 기쁨이 없다'라고 말했습니다. 그 기쁨의 마음이 모두를 해결해 주는 것입니다.

처음은 반신반의했지만 차제에 자신의 마음이 가볍게 돼 오는 것을 확실히 가지게 되었고 '이것은 진짜다'라고 생각하여 열심히 자신을 '기쁨의 표현'을 할 수 있도록 노력했습니다.

그늘속에서 지금은 악령으로부터도 해방되고 마음은 평안 그 자체입니다. 진실로 훌륭한 힘입니다.〉

(T・Y子)

악령은 마음〔정신〕의 빈틈 사이에 잠입한다. 특히 순간의 실수에 대해서도 주의가 필요하다. T・Y씨도 결국 이 타입이어서 자신으로부터 악령을 끌어들여 버린 것이다.

이대로 죽는다면 머지 않아서 공포에 쓰러져 버리고 무서운 자태를 죽는 시기에 받을 것이다.

기쁨은 악령을 구축하는 힘을 가지고 있다.

영의 장해로서 고뇌에 주는 방법은 가슴속 깊이에서 기쁨을 열광시켜 보는 것이다. 영의 장해는 반드시 없어진다.

• 이미 아무런 두려움이 없습니다

(S · T씨의 경우)

S · T씨는 어떻게 하면 편안하게 죽을 수 있는가에 대해 생각하고 있는 사람이다.

〈내가 제일 원하고 있는 것은 장남 가족에 미혹을 걸지 않음으로 죽어가고자 했다. 걸을 때는 갑자기 죽은 사람에게도 참배했었으며 88개소의 순례도 몇 번이나 했습니다.

그런 이유로 최악의 잠을 잔 것같은 상태로 되어 버렸습니다.

진실로 참배하였고 일찍이 죽고 싶다고 생각하기에 2, 3년이나 세월은 지나서 나의 마음은 가족에게 해명하지 못하는 죄의 마음이 가득차게 되었습니다.

무엇이 어쨌든간에 움직이지 않는다는 것은 한심스러운 것입니다. 그 반면 마음만이 안절부절해서 어떤 하찮은 것이라도 걱정이 되었습니다.

그 때문인지 장남이 장가가는 데도 좋게 가지 못하게 되고 장남도 장가가는 방법을 가지고 냉정하게 대했던 것같이 되었습니다. 마치 매일을 살아 있는 자체가 지옥의 생활을 하고 있는 것 같았습니다.

그런데 2개월 전 장남 가족의 태도가 일변했던 것입니다.

무엇을 하는 데도 기쁨으로 주려하고, 어떠한 악담을 말해도 기쁨으로 물어 주도록 했던 것입니다. 이것으로 나도 약간 당황했습니다.

그런데 기쁨의 얼굴은 나쁜 마음을 하는 것으로는 아닙니다.

어느 때엔가 나의 마음은 그러한 가족의 웃는 얼굴 가운데서 안정감을 얻을 수 있게 되었습니다.

어느 날 장남에게 왜 급히 이런 밝은 가족이 되었는가 라고 물었을 때 선생님의 지도가 있었다는 것입니다. 그래서 나도 함께 '기쁨을 표현'하는 방법을 마스터하여 지금은 정말로 가족과 함께 기쁨의 나날을 보내고 있습니다. 이미 나에게는 아무것도 두려운 것이 없습니다.〉

(S・T子)

S・T씨는 가족에게서 구해진 한 사람이다. 기쁨 가운데 만족해서 죽음으로 가는 것은 당사자만의 문제는 아니다. 먼저 정도의 F・M씨와 같도록 가족이 일체가 되어 최고의 죽음을 맞이하게 해 주는 것이 매우 중요하다.

신체가 쇠약하고 병세가 심해지면 병원에 감금한다는 현재의 발상으로는 절대로 최고의 죽음으로의 여행길은 못된다. 의료〔기술〕로는 못하며 마음〔기쁨〕의 간호야 말로 필요한 것이다.

● 눈물이 나는 만큼의 기쁨이 구해진다

(K・S씨의 경우)

기쁨이 표현될 수 있도록 되면, 공포는 멀어져 가고, 그 체험보고를 K・S씨가 전해 주었다.

〈선생님, 인간이라는 것은 기쁠지라도 눈물이 나오는 것입니다. 눈물은 슬플때만 흘리는 것이다 라고 생각했는데 그렇지 않습니다.

나는 상당히 즐겁게 매일 눈물을 흘리고 있습니다. 마치 자신의 감정이 통제할 수 없게 되어버린 것은 아닌가 하고 생각할 정도로 기쁨이라는 것은 다음에서 다음으로 열광해 나오는 것이겠지요. 나는 무슨 일에서도 불안했던 인생이었지요. 그 때문에 타인과의 교제도 극력으로 피하고 있었습니다.

그런 나였기에 일도 가정도 잘 되지 않았습니다. 무엇이든지 맞아들어가지 않게 되었습니다. 정신이 들 때에는 40대의 젊음으로 암이라는 선고를 받았습니다.

지금까지 이렇게 홀가분하게 말씀드렸지만 당시의 나는 더 이상의 지옥이 정말 없었습니다. 이것은 공포 정도의 말로는 표현되지 않는 것으로, 가혹하고 비정한 현실의 고통이었습니다. 만약 선생님을 만나지 않았더라면 발버둥치는 고통속에서 죽음을 맞이했을 겁니다.

현재는 암의 진행도 멈추어 의사가 놀랄 정도로 회복되고 있습니다. '슬픔의 표현'은 자신 스스로에게 달려 있다고 생각되어 감사하고 있습니다.

나의 즐거운 최고의 인생은 이것들이 모두입니다. 기쁨을 맞보게 되면서 매일의 생활을 즐겁게 보내고 싶다고 생각하고 있습니다.〉

(K · S生)

기쁨을 알지 못하면 영계(靈界)도 지옥

인간은 본래 '기쁨의 표현체'이다. 이것을 잊지 않는 한 지금 생활하고 있는 일이 근사하게 체험될 수 있고, 마침내는 죽음에 대해서도 극복할 수 있는 힘을 가질 수 있다.

물론 기쁨의 힘이 죽음 후를 생각하지 않고서도 해결되게 하는 의미는 아니다. 그 같이 단순하게 죽음의 문제에 관해서 도피하기 위한 힘으로써 사용되는 것은 아니며, 본래 인간의 자세에도 어떤 것에 의해서 모두가 자연의 법칙에 따라서 잘 회전하기 시작된다는 것이다.

간단하게 말해서 인간으로서 적절한 일을 가졌기 때문에 당연함〔기쁨의 표현체〕의 일을 드러낸 것 만큼의 일인 것이다.

이 세상 가운데 이 '기쁨'이 많아지는 것은 아닐까. 결국 돈으로 기쁨을 살 수 없듯이 이 기쁨은 일정하게 존재한다.

그리고 누구든지 평등하게 가지고 있는 것이 '기쁨'인 것이다. 기쁨을 알지 못하는 사람에게는 역시 영계(靈界)도 고통의 세계가 아닐까. 그것은 천국에 있어서도 극락에 있어서도 같은 것이다.

그 사람의 충실한 마음과 기쁨을 생각하지 않았다면 어디에 몸을 두어도 현상은 아무것도 알 수 없다. 우리들은 더욱 더 솔직하게 되어서 기쁨의 표현을 시도해 보는 것이다.

돈이 있어서도 없어서도, 병을 얻을 것인가 건강할 것인가, 젊을 것인가 연령을 의식할 것인가? 그런 것은 관계하지 않고 무슨 일이 있어도 우선 마음 속에서 기쁨을 표현해 보고 싶다. 정말로 기쁨이 샘솟는다면 이미 사후는 아무것도 두렵지 않다.

당신의 죽음의 상태를 점친다

당신의 죽음의 모양을 채점하라

먼저 현세와 사후의 세계가 같은 선에서 받아들인다는 것을 전제로 생각하면 죽음의 한계가 어떻게 되는가를 추측할 수 있다.

일체 지금의 자신은 어떻게 죽음을 받아들일 것인가, 그런 것을 독자에게 생각할 수 있게 해 주기 위해서 여기에서 체크표를 이용해서 자기진단을 해주기 바란다.

그다지 어렵게 생각하지 말고 하나의 목표가 된다고 생각해서 가볍게 받아들여 보라.

자기진단 1………가족에 관한 체크

먼저 가족의 현재 상태를 생각해 보라. 매일같이 느끼고 있는 것인데, 질문 가운데 맞다고 생각하는 것이 있으면 ○, 가깝다고 생각하면 △, 틀린다고 생각하는 것에는 ×를 기입할 것.

① 조부모가 없는 핵가족이다. (　)
② 부모 형제와 교제가 없는 편이다. (　)
③ 맞벌이 가족이다. (　)
④ 가족끼리 어울려 여행 따위를 갈 기회가 적다. (　)
⑤ 아침을 가족 전원이 함께 하는 일이 별로 없다. (　)
⑥ 가족이 대화하는 것 보다도 TV를 보는 시간이 많은 편이다 (　)
⑦ 지금의 생활정도는 중류 이하 정도라고 생각한다. (　)
⑧ 다소 생활에 여유를 가지고 싶다고 느끼고 있다. (　)
⑨ 가족 관계는 그다지 좋지 않다. (　)
⑩ 부모(본인)의 활동이 끝났다고 느끼고 있다. (　)

1. 총점 (　)점

다음은 어떨 것인지. 먼저 체점을 해 보라. ○는 10점, △는 5점, ×는 0점으로 계산하고 합계점을 내 보라.

자기진단 2………자신의 성격 체크

자신의 하루 일과를 회고해 보라. 어떤 자신이었는지 잘 생각해내고 다음 질문 가운데서 적절한 것이 있다면 ○, 근사치라고 생각하는 것에 △, 틀린다고 생각하면 ×를 기입.

① 최근 뉴스가 걱정이 된 것 같다. (　)
② 자신은 무슨 말을 하려면 성미가 급하다. (　)
③ 유행에 구애되는 경우가 있다. (　)

중류
급료

④ 자신은 신임이 깊은 편이다. ( )
⑤ 상품을 고르는데 까다롭다. ( )
⑥ 정의감이 남보다 더 많다고 생각한다. ( )
⑦ 실패하면 슬럼프에 빠지는 편이다. ( )
⑧ 실행하기 전에 잘 생각하는 편이다. ( )
⑨ 취미가 없는 것은 싫어하는 편이다. ( )
⑩ 의식적으로 주지 않으면 마음이 불편한 성격이다. ( )

점수계산은 전항과 같다. ○는 10점, △는 5점, ×는 0점으로 계산하고 합계점을 내 보라.

2. 총점 ( )점

자기진단 3………자신의 버릇 체크

자신의 마음에 있는 버릇에 관해서 체크해 보기 바란다. 질문 가운데 맞다고 생각하는 것에 ○, 가까운 것에 △, 틀린다고 생각하는 것에는 ×를 기입.

① 긴장하거나 초조할 때 등에는 궁상스럽게 무릎을 떨기 시작한다. ( )
② 통근, 통학, 물건을 살 때에는 같은 길에서 아니면 마음이 좋지 않다. ( )
③ 싫은 장소를 걸을 때에는 자연히 걸음이 빨라진다. ( )
④ 사람 앞에서 웃을 때 나도 모르게 손으로 입을 막아 버리는 버릇이 있다. ( )

NEWS PAPER
A
B
C
실패
계획표
NO!!

⑤ 무언가를 꿈꾸게 되면 그것에만 집중해 버린다. (　)

⑥ 나무 젓가락을 사용할 때 반드시 젓가락을 훑어서 사용한다. (　)

⑦ 방안에서 조그마한 티끌을 보아도 그냥 두지 않는다. (　)

⑧ 식사를 한 후에 차나 물로서 입을 헹구는 버릇이 있다. (　)

⑨ 건강식이라고 하면 곧바로 달려드는 버릇이 있다. (　)

⑩ 잔돈을 상자나 빈병에 넣어두는 버릇이 있다. (　)

자신의 버릇은 의외로 눈치채지 못하고 있는데 그렇지만 버릇을 자각할 수 있는 것은 그 사람의 생활자세가 버릇으로 나오고 있기 때문이다.

이럴 경우에 의외로 자신을 보이는 경우도 있다. 버릇은 그 사람이 오랜세월 반영해 온 생활방식의 하나이고, 그것만으로도 여러가지 일을 판단한다.

점수 산출은 진항과 동일, ○는 10점, △는 5점, ×는 0점으로 산출해 보라.

3. 총점 (　)점

자기진단 4………좋고 싫음 체크

여기에서는 자신의 좋고 싫음에 대해서 체크를 해 보기 바란다. 그다지 심각하게 생각하지 말고 바로 답할 것.

건강
식품

질문 가운데서 맞다고 생각되는 것이 있다면 ○, 가깝다고 생각하는 것은 △, 틀린 것에는 ×를 기입.

① 백색보다도 흑색이 좋다. (　)
② 여름보다도 겨울이 좋다. (　)
③ 만두보다도 스파케티가 더 좋다. (　)
④ 불교보다도 기독교가 더 좋다. (　)
⑤ 자영업보다도 셀러리맨이 더 좋다. (　)
⑥ 산 보다도 바다 편이 더 좋다. (　)
⑦ 만화보다도 소설이 더 좋다. (　)
⑧ 차보다도 커피 쪽이 더 좋다. (　)
⑨ 드라마보다도 뉴스 편이 더 좋다. (　)
⑩ 비행기보다도 기차 편이 좋다. (　)

답하는데 시간이 걸리는 사람은 다시 한번 시도해 보라. 이 체크는 어디까지나 즉시 답하는 것이 원칙이다. 점수의 산출은 전항과 같다. ○는 10점, △는 5점, ×는 0점으로 계산하고 합계점을 내 보라.

4. 총점 (　)점

자기진단 5………과거에 관한 체크

자신의 지금까지의 과거를 회고하여 답해 보라. 이것은 차분히 생각해서 답을 할것. 질문 가운데 알맞다고 생각하는 것에 ○, 근사치에는 △, 틀린다고 생각하는 것에는 ×를 기입.

드라마
NEWS

① 종교활동에 종사한 적이 있다. ( )
② 지금까지 큰 병을 경험한 적이 있다. ( )
③ 교통사고를 일으킨 적, 혹은 말려들게 한 경험이 있다. ( )
④ 타인을 구타한 경험이 있다. ( )
⑤ 가출을 몇 번하여 되돌아 온 적이 있다. ( )
⑥ 그다지 큰 소리로 운 경험이 없다. ( )
⑦ 감격했던 추억이 적다. ( )
⑧ 유산한 경험이 있다. 혹은 시킨 경험이 있다. ( )
⑨ 화난 행동으로 물건을 부순 적이 있다. ( )
⑩ 양친을 살해하고 싶다고 생각할 정도로 증오한 적이 있다. ( )

점수의 산출은 전항과 같다. ○는 10점, △는 5점, ×는 0점으로 계산하고 합계점을 내 보라.

5. 총점 ( )점

자기진단 6………자신의 평가 체크

다음은 최후의 진단이다. 여기에서는 과연 자신은 어떠한 인간인가? 개선점에 대해 차분히 생각해서 체크할 것.

시간의 제한을 받지 말고 잘 검토해서 답을 해볼 것. 질문 가운데 맞다고 생각하는 것이 있으면 ○, 가깝다고 생각하면 △, 틀린다고 생각하는 것에는 ×를 기입할 것.

① 무엇이든지 말하려면 내성적인 성격으로 행동력이 부족한 경우가 있다. ( )
② 노력가인 셈이지만 그다지 좋은 결과를 얻지 못한다. ( )
③ 천진난만하고 싶다고 생각하면서 그렇지 못한 적이 많다. ( )
④ 마음은 차분하지만 사람의 의견에 흔들린 적이 있다.( )
⑤ 상냥하지만 화를 참을 수 없는 적이 대단히 많다. ( )
⑥ 사소한 걱정으로 고민하는 경우가 있다. ( )
⑦ 시작은 쉽게 하지만 지속적일 수 없는 경우가 있다. ( )
⑧ 쉽게 불타면서 쉽게 깨닫는 경우가 있다. ( )
⑨ 자신은 완벽하지 않다고 생각하고 있다. ( )
⑩ 좋은 고생을 극복해 왔다고 생각한다. ( )

점수의 산출은 전항과 같다. ○는 10점, △는 5점, ×는 0점으로 계산하고 합계점을 내 볼 것.

6. 총점 ( )점

점수 계산하는 방법

1에서 6까지 체크를 끝낸 경우에 종합점수를 산출해 볼것. 먼저 각 항목별의 합계점을 모두 더해 볼 것.

예를들어 1에서 60점, 2에서 30점, 3에서 70점, 4에서 25점, 5에서 35점, 6에서 40점을 더하면 총합계 점수는 60+30+70+25+35+40=260점이 된다.

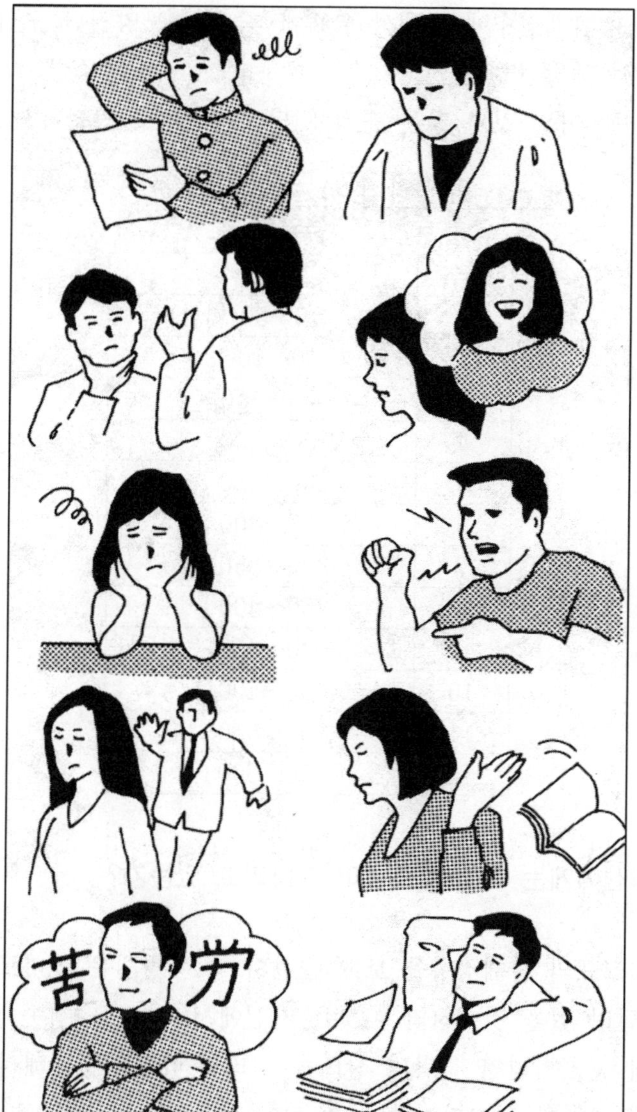
苦
劳

당신의 총합계점수는 몇 점이 되었는가?

이 총합계점수에 대해서 별표에 '죽음의 모양진단 순위표'를 설해서 해당란을 볼것.

다음, 어느 것과 같은 순위에 당신은 맞아들었는가?

죽음의 모양 진단 순위표

순위	종합점수
1	0~50(미만)
2	50~100
3	100~150
4	150~200
5	200~250
6	250~300
7	300~350
8	350~400
9	400~450
10	450~500
11	500~550
12	550~600

당신에게는 어떠한 죽음이 기다리고 있는가?

체크표의 출제경향을 보고 습관의 좋은 방법은 곧바로 마음에 달려 있을 것이지만 이것은 자신에서 '기쁨'을 샘솟게 하는 것에 골칫거리인 사람의 상태를 심리학적으로 분석해서 간단하게 나열한 것이다.

말하자면 총합계점수가 높은 사람은 그다지 기쁨을 느낀 적이 없는 인생을 살아가고 있는 사람이라고 말할 수 있다.

그러나 본래는 반드시 엄밀한 체크표가 있고, 한번 더 구체적으로 분석해야 되겠지만 본서에서는 독자 대상을 넓게 가지고 있어 누구든지 쉽게 대답할 수 있는 설문이기 때문에 그 정도로 심각하게 받아들일 필요는 없다.

다만 하나의 목표로 당연한 것이므로 순위가 높은 사람은 한번 더 차분히 해서 자신의 인생을 되돌아 볼 필요가 있는 것같다.

'순위 1' 사후에 광명이 보인다……(0~50)

이 순위의 사람은 무슨 일에도 구애됨이 없이 자유로운 마음을 가지고 있는 사람이다. 만약 죽음이 찾아와도 흔들림이 적다. 단숨에 광명을 볼 것이다.

자신에게 집착하지 않고 타인에 대해서 너그러히 배려할 수 있다. 또 물질적인 것에 대해서도 욕망을 나타내지 않는다.

어디까지나 세속에 구애됨이 없이 첫대면에는 가치 기준점이 없는 것 같지만 무슨 일에 있어서도 세밀히 관찰력을 가지고 있어 어떠한 일에도 대처할 수 있는 힘을 가지고 있다.

살아있는 동안에는 사회적인 평가는 높지는 않지만 그 생활방식은 주변의 많은 사람들에게 큰 영향을 주며, 죽은 후에 최대급의 평가를 얻을 수 있는 사람이다.

'순위 2' 사후에 방황하는 일이 없음……(50～100)

행동력이 있는 사람으로 자질구레하게 생각하고 고민하는 것보다도 심기일전, 즉 행동으로 옮겨서 문제를 해결하도록 하는 힘을 가지고 있다.

죽음의 한계에 있어서도 그 성격이 나타나서 현세에서의 문제를 즉시 해결하고 조금의 고민도 남기지 않고 해결할 수 있다.

다만 이 행동력에 '기쁨'의 요소가 많이 포함되면 더할 나위 없는 인물이라고 말할 것이다. 애석하게도 그 행동력은 고생을 부르는 일이 많고 돌아서 '기쁨'에서 멀어져 가는 것같은 짜임새로 되어 있다.

이 순위의 사람에 있어서 무서운 것은, 운좋게 크게 왕생할 수 있는 것, 그러나 실수하면 가혹한 고민속에서 그야말로 죽어야만 하는 결과를 나타내는 것이다.

그 어느 쪽이든지를 선택되는 것은 그 사랑의 '기쁨의 정도'가 높음에서 결정한다. 현세에서 많은 기쁨을 맛보고, 그 마음이 자신의 성격 가운데 수용하는 정도가 되면 사후에 있어서도 혼미한 일은 없을 것이다.

'순위 3' 현세에 집착하여 고민함……(100～150)

어느 정도 안정된 생활로서 경제적 기반을 가지고 있는 사람이지만 그 조그만 행운에 메달려서 살려고 하는 자세가 강하고

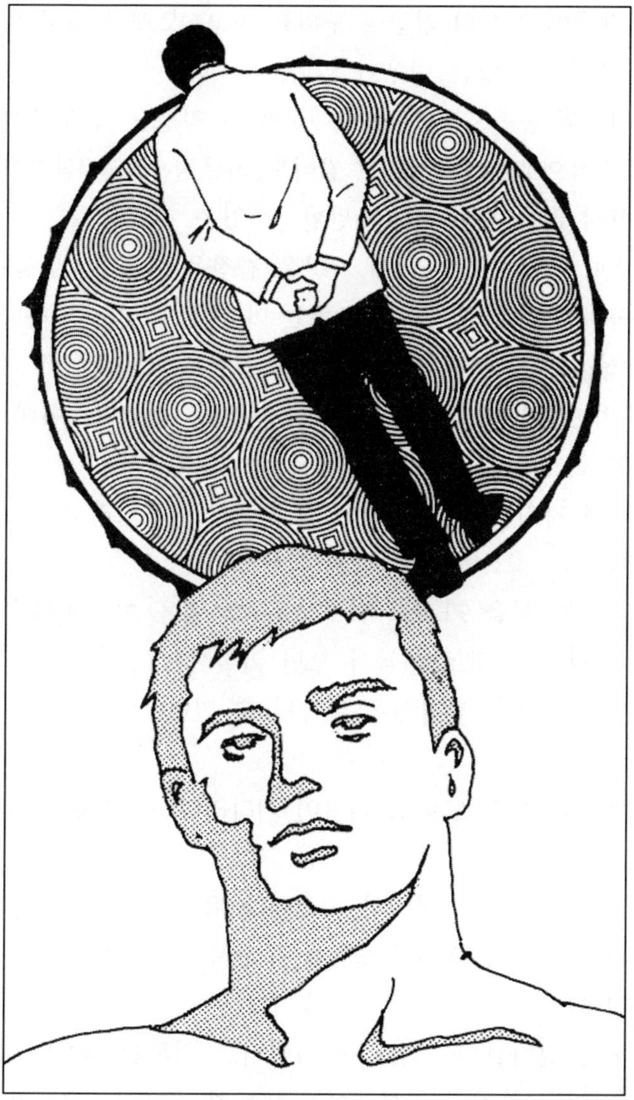

죽음에 대해서 도피하려고 하는 마음이 큰 사람이다.

그 때문에 자신의 건강에 주의를 하고, 오래 살려고 하는 일만을 생각하고 있는 경우가 있다.

정신적인 충족도가 약하기 때문에 그 영향을 육체에 까지 주고 표면적으로는 건강한 것 같아도 기본적으로는 심신이 모두 건강하지 않은 사람이라고 말할 수 있을 것이다.

죽음에 대해서는 공포에 가까운 감정을 가지고, 무엇인가에 의존하여 그것을 극복하려고 하는 마음이 강하다. 말하자면 자기 자신을 자립해 있다고 생각하고 있어도, 근본적으로는 타의 힘에 의존형의 성격이라고 말할 수 있을 것이다. 이대로서는 죽음의 한계에 고뇌가 기다리는 것이 된다.

그러나 자신의 결점을 알게 된 후에는 시정하려고 하는 노력형이다.

반성하는 힘을 가지고 있으므로 그 힘을 이용해서 '기쁨을 샘솟게 함'의 생활로 되돌아 오면 어떨까.

그것에 의해서 집착심은 극복될 수 있다.

'순위 4' 자기 모순의 지옥이 기다리다……(150~200)

상당히 지적으로 머리의 회전이 빠른 사람이다. 그 때문에 이론과 이유가 선행하여 행동을 둔화시키고 있는 면이 다분히 보여진다.

사후를 받아들이는 방법에 있어서도 이론을 붙여서 납득하고 있지만 근본적인 부분에서는 납득할 수 없는 경우가 있고,

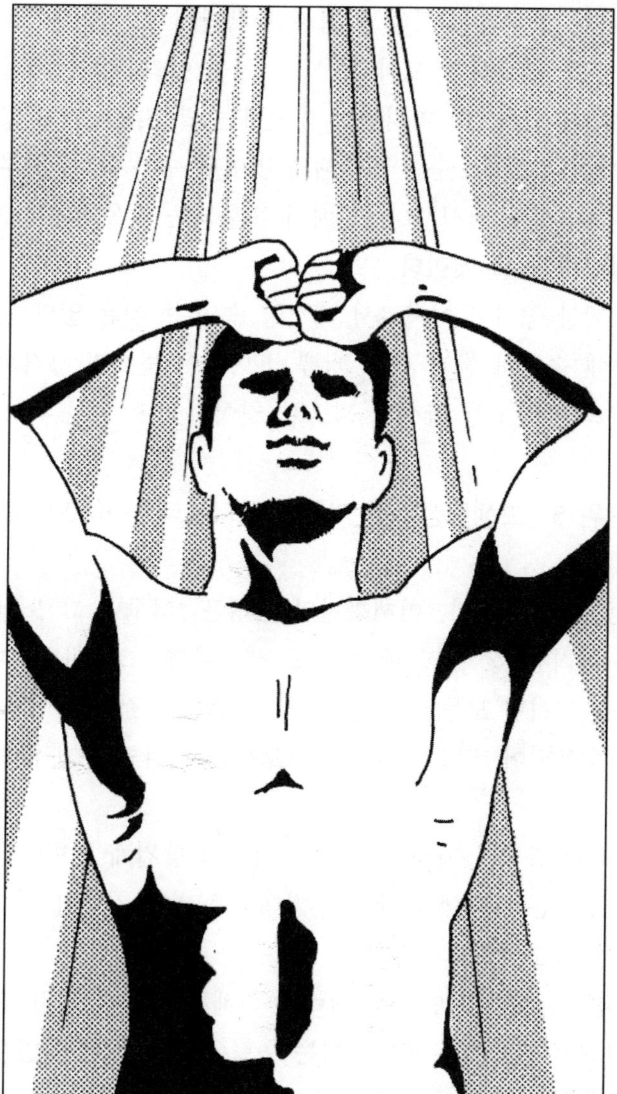

자신의 머릿속에서는 모순이 생겨 있다.

그러한 성격이 심각해서 일상의 생활에서도 자신으로 승부에 고민을 발생하여 고뇌에 몸부림치는 어리석음을 되돌려 받는 경우가 있다. 이 머리에만 의존하는 발상을 버리지 않는 한 언제까지나 자기모순의 지옥에서 벗어날 수가 없다. 사후의 세계에 들어서도 역시 그 자신에서 표출되는 지옥계에서 고심으로 번민하게 될 것이다.

이 세상 중에서 이치로서 해결할 수 있는 것은 없다. 살아있는 몸에 솔직히 전해 오는 '기쁨'의 마음을 받으면 감격의 눈물을 흘리는 단순한 감성도 필요한 것이다.

'순위 5' 고생투성이인 지옥이 기다리다……(200～250)

노력가 타입이다. 이제까지의 인생은, 더구나 그 노력에 의해서 여러겹 쌓여 질 때다 라고 생각한다. 그러나 그 때문에 노력을 하려면 모두가 해결하는 것같은 단락적 발상이 성격 안에서 수용되어 버렸기 때문에 그로부터 도피할 수가 없는 사람이다.

선악의 판단도 확실히 해서 이리저리 즐겁게 돈벌이를 하고 있는 것같은 사람에 대해서는 적대심을 가진 것만큼 인생을 엄숙하게 받고 있다.

가령 그 사람이 인간적 매력에 의해서 돈벌이를 할 수 있다고 이해되어도 땀을 뻘뻘흘리는 노력을 하는 자세가 없으면 허용되지 않는다고 하는 오만마저 있다.

이와같은 사람은 사후에 있어서도 고생을 짊어질 것이다. 기쁨을 무시한 노력은 아무것도 해결할 수 없다.

형식만의 자신의 편리한 노력은 고통을 불러들이지는 않는다.

한번 더 인생의 가운데 긴장을 풀은 기분을 가져서 즐거운 마음으로 행동하며 살아있는 것을 제언했다고 생각한다. 그렇지 않으면 사후에도 또 다른 고통만의 지옥이 계속될 것이다.

'순위 6' 오만지옥이 기다리다……(250~300)

지금 유행을 인내하는 글자 한 자는 아니지만 꾹 참고 견디는 것을 신조로 하고 있는 경향이 강한 사람이다.

인생에는 시간과 장소에 따라서는 참을성도 필요하지만 그것이 성격에까지 굳혀버리면 이것은 단지 흐름을 막는 말뚝이 된다.

말하자면 이것은 꾹 참고 견디면 모든 재난, 문제가 해결된다. 거기에서부터는 '기쁨'은 살아있지 않다. 즉 오는 것은 고뇌와 고통만으로 결국은 노이로제가 종교에로 달려가게 되는 것이다.

한 번 더 자신의 능력을 믿고 일보 더 전진하는 생활방식을 갖지 않으면 오만지옥에 떨어져서 어두운 인생과 비참한 사후를 맞이하게 될 것이다.

행하는 대로 병원에 들어가 행함이 있는대로 치료를 받아서 '참고 또 참고 견디어'내는 대로 죽음이 주어져 온다.

결국 참고 견딤은 미덕이 아니다. 좀더 마음을 크게 열어 즐거운 일에 도전할 용기를 가져라. 그렇게 하면 장래가 열림은 당연할 것이다.

'순위 7' 꼭 믿는 지옥이 기다리다……(300～350)

호인형으로 사람들이 좋아하며 선량하다고 말하는 타입이다. 그러나 진실로 자신을 내보일 때까지 사람을 위해서 실행하려는 마음 따위는 약하다.

어디까지나 체세술적인 선량시민이라고 말해질 것이다.

다만 그 일에 자신으로서는 그다지 마음을 가지고 있지 못하다. 사람과 교제하는 것의 선량함과 비교해서 골칫거리로 내면적으로는 타인을 미워하는 경우가 있다.

발상이 자기 중심적이기 때문에 이 타입의 사람은 죽음의 한계에 있어서 두려운 만큼의 공포심을 가지게 되어 위험이 있다. 이것은 건강할 때에는 느끼지 못하는 공포이다.

믿는 마음이 선행하는 성격이므로 일단 두렵다고 생각되면 이제 그칠 수가 없다.

이 타입의 사람은 일찍이 모두를 버려두는 것이다. 그 가운데 선량함만을 재차 보아 두는 공부를 요망한다.

현재 모았던 지식이나 상식이 지나치게 작은 것만으로 굳어져 버리고 있으므로 막상 하려고 할 때에 유용하지 않게 되어 버리기 때문이다.

기쁨에 만족함, 반드시 큰 것을 스스로 결부시키면 죽음에

한계도 변화한다.

'순위 8' 패배가 계속되는 지옥이 기다리다……(350~400)

인생에 대해서 도전 정신이 있는 사람이다. 그러나 하나의 관점을 돌아보면 그것은 패배하지 않는 미움의 성격으로 약간의 비열한 방법일지라도 이기려는 발상을 가지고 있는 경우가 있다. 더 혹독하게 말하면 자기 멋대로 하는 것이다.

이 타입의 사람의 기쁨은 자신의 마음속에서 살아있는 것은 아니고, 타인과 비교하여 자기 만족적인 기쁨이다. 이웃집이 새 차를 구입하면 그 이상의 고급 승용차를 구입해서 희열에 만족하는 정도의 일인 것이다.

이러한 성격이 그대로 죽음을 맞이하면 사후에 있어서도 경쟁을 강하게 나타나게 된다. 그것이야 말로 어느 정도 노력해서 이긴 것이 아니고 무의미한 싸움을 무한히 지속하는 것이 되는 것이다. 본인은 이해하고 있어도 중단할 수 없다. 그러한 되풀이 되는 고통이 있을 것이다.

때로는 패배하는 것도 필요하다. 전부를 잃어도 평안한 마음을 자신 가운데서 키우는 것이 이 타입 사람의 유일한 구제이다.

'순위 9' 한가닥 희망도 없는 지옥이 기다리다……(400~450)

지식욕은 왕성한데 만족스러운 노력의 측면에서의 비율로는 곧바로 목표로서 새로운 것에 손을 내미는 마음이 동반되는 경

우가 있는 사람이다.

그때의 분위기에 좌우되는 것 같은 경향이 있어서 사람들에게는 호감이 가지 않는 자신을 나타내는 경우가 있다.

이 타입의 사람은 자립할 수 있도록 결코 하지 않는 모순을 포함하고 있다. 또 타인에게 의존하려는 응석부리는 면도 있어서, 이것이 성격에 크게 영향을 주고 있는 경우가 있다.

그 때문에 죽음을 눈앞에 두고서도 전혀 상황판단을 할 수 없고, 대왕생(大往生)이라는 정도로 멀리 견고(見苦)함이 나타난다.

말하자면 사후의 세계에서도 구제함이 있다고 믿어서 구름이 실에 메달리려고 하면, 도중에서 실이 끊어져 버린 가혹한 실망감을 맛보게 된다. 그러나 그때까지라도 역시 몇 번이나 매달려 있다는 실태가 되풀이 된다.

도와주거나 구제함이 타인으로부터가 아니고 자신의 가운데서 '기쁨'과 함께 살아 있어서 나오는 것을 알아야만 한다.

'순위 10' 비관이 지속되는 지옥이 기다리다……(450~500)

전부를 머릿속에서 해결해 버리려 하는 경향이 강한 사람이다. 그 정도로 머리는 예리하지만, 현실이 동반하지 않기 때문에 고뇌만이 증가하고 있다. 하찮은 것일지라도 고뇌가 되어 버리고 정신적으로 자리잡은 적이 적지 않다.

오랜 세월에 걸쳐서 되풀이 되어 온 정애만으로 자기 자신으

로서는 해결책이 없는 채로 되어서 자기 힘으로 이 성격을 치료하기는 어렵다.

그 때문에 죽음의 한계에 있어서도 비관하는 것만으로 고뇌는 그 이상 증가한다. 비관은 가족이나 주변의 사람에 대해서도 좋은 영향을 주는 것이 아니고 누구라도 내부에 잠겨 있는 이상 죽음의 고뇌를 깊게 하는 것이다.

그러나 자신의 의식으로는 해결할 수 없는 것이어서 '기쁨'을 표현하는 노력을 일상의 생활가운데 정착시키려면 머리에서 무엇이든지 해결하려는 버릇을 없애고, 죽음에 대해서도 생활에 대해서도 분명한 마음을 싹트는 것이 당연하다.

만약의 경우 이 타입에 들어선 사람은 다소 머리에서 생각하는 것을 잠시 쉬게 해서 내부 밑바닥에서 용기를 내어 불가사의한 힘을 맛볼 것이다. 그곳에서 반드시 해결의 길이 있을 것이다.

'순위 11' 고뇌의 지옥이 기다리다……(500~550)

자주 활동하고 자주 공부를 하여 무슨 일에 있어서도 세심한 주의를 기울여 실패하지 않는 인생을 보낸 사람이다.

일에 있어서도 대인관계에 있어서도 좌우간 민감하게 대처해온 자부심을 가지고 있다. 경제적에도 현재는 안정되어 있고 더구나 그 점에서는 더할 나위 없는 인물이라고 본다.

그러나 하나라도 빠진 것이 있다고 하면 '기쁨'의 본질을 알지 못한다고 할 것이다. 기쁨에 만족하여 최고의 기분을 보내

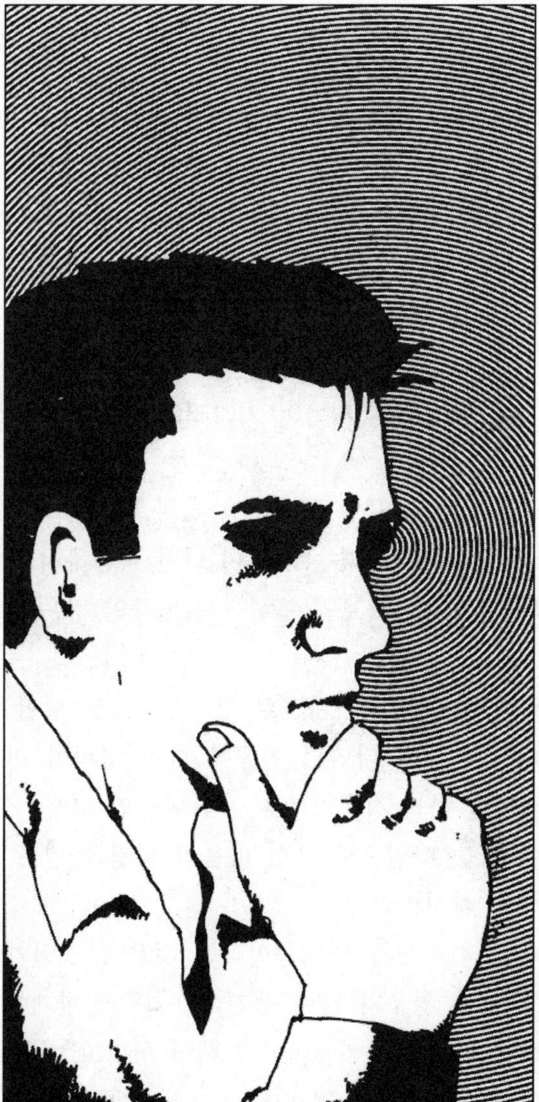

온 시간은 그 긴 인생 가운데 비율은 미미한 것으로 정말 고뇌 중에서 현재에 도달했다고 해도 좋을 것이다.

이 기쁨의 맛을 체득하지 않음으로 사후로 향한 것은 고뇌만이 계속되어 지옥으로 떨어져 버리게 된다. 말하자면 고뇌를 해결하는 수단으로 알지 못하기 때문이다.

현재의 행복한 환경을 이용해서 금후는 크게 '기쁨의 표현체'로서의 자각을 가지고, 사후로의 관문을 아무 고통없이 통과해야 한다고 생각한다.

'순위 12' 구애되는 지옥이 기다리다……(550~600)

무슨 일에 있어서도 한계를 분명히 해 두려는 성격의 사람이다. 조금이라도 위태롭다는 기분이 되면 행동하지 않는다든가, 세세한 티끌 하나라도 보지 못하는 결백증인 경우가 다분히 있다.

이 타입의 사람은 차근차근한 성격이라고도 말할 수 있지만 이것이 재앙이 되어 타인의 언동에 까지 영향이 미쳐 버리는 시종 안절부절 하는 경우가 있다. 즉 여분인 고생·고통·고뇌까지 등에 업는 타입으로 우선 마음의 평정을 별로 체험할 수 없어 수령에 빠져버린다.

차근 차근 한다든가 결백증이라는 것은 무엇인가에 구애됨을 가지고 있는 경우가 많이 생긴다. 죽음의 한계에 있어서도 이렇게 하면 안 된다든가, 이렇게 해야 한다고 이상을 찾고 결국은 현실과의 간격에 눌려 버리고 고뇌를 배로 증가시킨 것으

로 된다.

사는 방식에 있어서도, 죽음의 방식에 있어서도, 정통방식은 아니다.

존재하는 것은 최고의 '기쁨'가운데서 생활을 하고, 그리고 마치는 것 뿐이다.

당신은 정말로 기쁨을 표현하고 있는가?

다음, 어느 항목에 해당하는 것일까. 어느 것을 보아도 잔혹한 의견이 되어 있다고 생각하지만 그것은 당신이 생각하여 추측하고 있는 정도의 인생은 간단한 것은 아니라는 것을 알고싶어 하기 때문이다.

기쁨에 해결이 있다, 또는 기뻐해 한다는 의견에 대해서 어떻게 감사해야 할 것인가.

'이러한 일은 나누어져 있다.'

'보통일을 말한다!'

'잘 알아 듣고 있다'

라고 말한 의견의 사람이 더러 있는지 모른다.

그러나 그렇게 되면 현재의 생활은 기쁨에 만족한 최고의 일이 되어 있을 것인가. 의뢰로 그렇지 않은 것은 아닌가.

더더욱 문제는 여기에 있는 것이다. 필요한 것은 '기쁨'이 최고의 해결책인 것, 존재하는 정도의 지식을 가지고 있으려면 초등학생일지라도 알 것이다.

그러나 그것을 하루하루 중에 실현하고 있는지 어떤지가 되

면 과연 사람이 아닌 것이다.

해결책을 알고 있음으로써도 그것이 구체적으로 해결될 수 있다면 그것은 단지 지식으로 밖에 있지 않다.

나의 제창하는 '기쁨'은 알고 있는 것만으로 지식만으로는 되지 않는 것이다.

친절은 알고 있어도, 그것을 실행할 수 없다면 친절이 아닌 것과 같이 '기쁨'은 자신에서부터 실제로 표출되지 않으면 아무것도 되지 않는 것이다.

다음 장에서는 실제의 해결책으로서 사후의 극복법에 관해서 기술해 보겠다.

제 9부

영계에서 즐겁게 사는 법

사후세계는 너무 괴롭고 무서워

자살한 아들이 저승에 가지 못한 것은 아닐런지……

"료오야! 기다려, 위험하다! 얘 료오야!"

센다이시(仙台市)에 사는 가요 여사(40세 가명)는 밤마다 외아들 료오이찌의 꿈을 꾸고는 흥건히 땀에 젖어 깨는 것이었다.

꿈속의 료오이찌는 험한 벼랑에서 떨어진 것만 같다. 가요여사는 큰 소리를 지르며 료오이찌를 구하러 가려고 하지만 도저히 그곳으로 다가 갈 수 없었다. 오직 괴로운 듯이 일그러지는 료오이찌의 얼굴만이 눈 앞에 크게 다가오는 것이었다.

"여보, 왜 그래?"

가요 여사는 자신의 큰 소리와 남편의 목소리로 잠이 깨지만 괴로워하는 듯한 료오이찌의 얼굴이 눈에 어른거려서 마음이 찢어질 것만 같았다.

가요 여사는 벌써 한달 가까이나 같은 꿈을 꾸는 것이었다. 이렇게 되면 밤에 잠을 자는 것조차 무서워진다.

"여보, 료오이찌가 저승에 못가고 있어요, 상청(喪廳 : 제사상)을 차려주세요, 부탁해요."

가요 여사는 남편에게 합장을 하며 부탁했다.

"안돼, 자살 따위를 한 불효자식에게 상청을 차려줄 수 없어!"

남편은 막무가내로 들어주려고도 하지 않았다.

중학교 3학년인 료오이찌가 자살한 것은 3개월 전의 일이었다. 농약을 마시고 목을 맨 것이었으나, 어째서 자살을 해야만 했었는지, 그 원인은 전혀 알 수 없었다.

학교 성적도 좋고 명문고교에 입학할 수 있다는 것은 거의 정해져 있었고 물심양면으로 풍족하고, 명랑한 성격이어서 료오이찌군의 자살의 원인에 대해서는 아무도 짐작되는 것이 없었다.

"료오이찌는 저승에 가지 못하고 있기 때문에 밤마다 꿈에 뵈는 거예요. 제대로 상청을 차려 주면 저승으로 갈 수 있을텐데요."

"안돼, 자살하는 그런 놈은 상청을 차리지 않는게 법도요, 저승에 못가고 있대도 그건 자업자득(自業自得)이요!"

남편은 료오이찌군의 상청 차리기를 단연코 반대하였다. 료오이찌군의 유골은 연고자가 없는 것으로 하여 절에 맡겨진 채였다.

"스님, 료오이찌가 밤마다 꿈에 나타나서……"

가요 여사는 절에 가서 주지스님에게 의논을 했다.

"그럴 겁니다.…… 하지만, 이 일만은 바깥양만의 생각이 바꿔기 전에는 달리 방법이없어. 료오이찌군이 잘못했으니까 말이요……"

"자살은 죄야, 부모에게서 받은 목숨을 제 마음대로 끊어 버리는 거니까 말이요, 용서할 수 없는 일이구먼."

주지스님도 가요 여사의 애원에 응해 주지 않았다.

"료오야! 료오이찌"

가요 여사는 계속 꿈을 꾸었다. 시간이 흐름에 따라, 꿈 속에 나타나는 료오이찌군의 표정은 고통스러워 보이는 무서운 표정으로 변해 갔다.

가요 여사는 꿈 때문에 노이로제가 되고 말았고, 잠을 이룰 수 없게 되었다.

그래도 남편은 료오이찌군의 상청을 차려 주려고 하지 않았다.

"가요 여사, 료오의 이야기를 들어봐 주는게 어떨까?" 다소나마 편해지지 않을까?"

보다못한 이웃 사람들의 권유로 가요 여사는 영능력자에 의지해 보기로 했다.

"좋은대로 하구려"

남편은 그 일에는 반대로 찬성도 하지 않았다.

아들의 영과 이야기 하고 싶다

가요 여사는 이웃 사람의 안내로 도쿄에 사는 영능력자를 찾아갔다.

“아드님이 몹시 괴로워 하고 있군요.”

가요 여사가 아무 말도 하지 않았는데, 영능력자는 가요 여사를 보자마자 대뜸 이렇게 말했다.

“실은 아들이 밤마다 꿈에 나타나서……”

가요 여사는 지금까지 있었던 일을 남김없이 이야기했다.

또한 남편이 료오이찌군을 자살한 탓으로 상을 차려주는 것에 반대하기 때문에 난처한 처지를 당하고 있다는 점을 강조했다.

“자살한 사람이나 동반자살한 사람을 상청을 차려 주지 않는 풍습은 아직도 뿌리깊이 남아 있습니다. 여사댁만이 아닙니다.”

영능력자는 가요 여사를 위로해 주듯이 말했다.

“료오이찌가 말하고 싶어하는 걸 들어주고 싶습니다. 료오이찌의 영을 불러 주십시오.”

가요 여사는 영능력자에게 경배하듯이 부탁했다.

“알았습니다. 하지만 목을 매었으니, 제대로 이야기가 될 수 있을지 어떨지 잘 모르겠습니다.……”

영능력자는 가요 여사에게 다짐하듯이 말하고는, 조수의 몸으로 료오이찌군의 영을 강신시키기 시작했다.

영능력자는 오랫동안 경(經)과 주문(呪文)을 외우고 있으려니까, 이윽고 조수의 몸이 심하게 진동을 일으키기 시작했다.

“아마도 료오이찌군의 영인게로군요, 자 빨리 이 사람의 몸으로 내리시오.”

영능력자는 방 한구석을 향해 이렇게 말했다.

주위는 야릇한 분위기로 휩싸여지고 가요 여사는 무심결에 두 손을 합장하고 깊이 머리를 숙였다.

“으으윽!”

조수는 크게 신음소리를 내자마자 쿵 소리를 내며 방바닥 위로 쓰러졌다.

괴로워, 너무 무서워요

“료오이찌군, 괴로운가요? 말할 수 있어요?”

영능력자는 쓰러진채 몸을 떨고 있는 조수에게 말을 건넸다.

조수의 몸에 실린 료오이찌군의 영은 고개를 약간 움직였다.

“목이 아프군요……”

영능력자는 염주를 지닌 손으로 조수의 목을 안마해 주었다.

“이제 괜찮아요, 자 어머님과 이야기를 나눠요. 말하고 싶은 걸 이야기해 봐요. 자 어머니가 이야기를 하십시오.”

영능력자는 가요 여사에게 재촉했다.

“예, 예……”

가요 여사는 후닥닥 놀라며 얼굴을 들었다.

“료오이찌, 료오야! 어머니다. 알아보겠느냐?”

가요 여사는 목이 메면서 이렇게 물었다.

조수의 몸에 빙의된 료오이찌군의 영은 고개를 움직였다.

“알아보는구나, 료오이찌!”

가요 여사는 큰 소리로 말했다.

“어, 어……”

료오이찌군의 영은 목소리를 내려고 하지만 목이 쉬어서 나오지를 않는다.

영능력자는 염주를 지닌 손으로 쓰러진 채로 있는 조수의 목을 문질러 주었다.

"이젠 괜찮아, 목소리가 나올 거야, 이야기 해봐요."

영능력자는 료오이찌군의 영에게 다정하게 말을 했다. 하지만 료오이찌군의 영은 이야기를 하려고 입을 오물오물 움직이기는 하는데 좀처럼 말이 되어 나오지 않는다.

"료오야! 말해 봐라. 무슨 말이 어머니에게 하고 싶은 거냐?"

가요 여사는 자꾸 말을 걸었다. 필사적이었다. 어떻게든 료오이찌군의 말을 들어보려고 했다.

영능력자도 료오이찌군의 영에게 말을 시키려고 했다.

"어, 어, 어머……"

"료오야!"

간신이 료오이찌의 영이 이야기를 시작했다.

가요 여사는 눈물을 흘리면서 쓰러진 채로 있는 조수의 얼굴에 자기 뺨을 갖다 댈듯이 하면서 료오이찌군의 말을 들었다.

"어머니, 어머니!"

"료오야! 어머니다. 여기 있어, 자 말해 봐라. 무슨 말이 하고 싶은 거냐?"

"어머니, 나 외로워요, 너무 무서워요……"

료오이찌군의 말이 차츰 분명해지고 알아들을 수 있을 정도가 되었다.

"료오야, 뭣 때문에 자살 같은 걸 했단 말이냐!"

가요 여사는 무엇보다도 알고 싶은 것을 물었다.

"……"

허지만 그 말에는 대답이 없었다.

"어머니, 나, 나요……"

하고 싶은 말을 할 수 없는 건지, 료오이찌군의 영은 입속에서 웅얼거렸다.

"료오야, 지금 넌 어떤 곳에 있는 거냐?"

"모르겠어. 그게 말야. 사방은 깜깜하단 말예요. 마치 구멍 속에 들어가 있는 것 같았어, 아무 것도 안 보인단 말예요……"

"료오야 말해 봐! 왜 자살한 거냐? 아버지나 어머니가 뭐 잘못한 거라도 있는 거냐?"

"……"

료오이찌군의 영은 역시 그 일에는 아무런 대답도 하려고 하지 않았다. 허지만 가요 여사는 어떻게든 그 일이 알고 싶었던 것이다.

원인모를 발작적인 자살

야마다 료오이찌군은 1984년 10월 28일 학교에서 돌아오자 자기 방으로 들어갔다.

그때의 상태는 여느 때와 조금도 다르지 않았다. 가요 여사와 몇마디 주고 받고, 저녁에 먹고 싶은걸 주문했다. 이윽고 빵과 커피로 우선 배를 채우고는 자기 방으로 들어간 것이었다.

"료오야, 엄마 시장 다녀올게!"

가요 여사는 외출할 때, 그렇게 말을 했다.

"예, 안녕히 다녀오세요!"

방안에서 료오이찌군의 대답하는 소리가 들렸다.

가요 여사는 한 시간 뒤 집으로 돌아왔다. 이윽고 그대로 저녁 식사 준비를 하고 남편이 돌아오기까지 료오이찌군과는 이야기를 하지 않았다. 그것은 다른 때와 마찬가지였다.

"료오야, 저녁 먹어라!"

오후 7시가 지나 가요 여사는 료오이찌군의 방 밖에서 말을 했으나 대답이 없었다. 그런 일은 흔히 있었으므로 가요 여사는 별로 마음에도 두지 않고 있었다.

"애, 료오이찌 저녁 먹어라!"

료오이찌군이 좀처럼 나오지 않으므로 남편이 료오이찌군의 방 앞까지 가서 말을 건네고 문을 열었다.

"악! 료, 료, 료오이찌!"

남편은 놀란 나머지 소리를 질렀다.

그 목소리를 듣고 달려온 가요 여사는 방안을 들여다 보자마자 기절할뻔 했다.

이게 웬일이란 말인가! 료오이찌군이 목을 매고 자살한 것이었다. 방바닥에는 농약병이 뒹굴고 있었다.

남편은 료오이찌군의 몸을 안아 내렸다. 하지만 이미 완전히 죽어 있었다. 달려 온 구급의(救急醫)도 료오이찌군이 사망했음을 인정했다.

어째서 자살을……?

여러 각도로 조사를 해보았으나, 자살할 만한 원인은 떠오르지 않았고, 단서가 될만한 것도 아무 것도 없었다. 물론 유서 같은 것도 전혀 남아있지 않았던 것이다.

료오이찌군의 자살은 단순한 발작적인 것으로 원인불명이라는 걸로 처리되게 되었다.

"하지만 뭔가 원인이 없는, 저 애가 자살을 하다니……"

가요 여사는 어떻게든지 원인을 알려고 했다.

"내버려 둬! 자살 같은 것을 하는 그런 불효자식은 상청을 차려줄 필요도 없는 거요."

남편은 외아들을 잃은 슬픔을 그렇게 화를 내는 걸로 얼버무리는 것이었다.

영(靈)이 말하는 자살의 진정한 원인은

"료오야! 제발 부탁이니까. 왜 자살했는지 그 까닭을 말해다오. 부탁이다!"

가요 여사는 료오이찌군의 영(靈)에게 애원하듯이 호소했다. 허나 료오이찌군의 영은 그 물음에 대답하려고 하지 않는다.

"왜 대답하려 하지 않느냐. 말하지 않으면 넌 영원히 지박령(地縛靈)이 되어 계속 떠돌아 다녀야만 한단다. 저승에 가지 못해도 괜찮다는 거니!"

영능력자가 심한 말로 료오이찌군의 빙의령에게 그렇게 말하고 주문을 보냈다.

"그, 그만 해요…… 말, 말할게……"

료오이찌군의 영은 떠듬 떠듬 말을 하기 시작했다.

"어머니, 죄송해요. 난 반드시 죽지 않으면 안될만한 까닭은 아무 것도 없었어요."

"뭐! 정말이야? 정말 아무 원인이 없었단 말이냐?"

"예……그저, 어쩐지 살아 있는게 재미없다고, 무의미하다고 생각했을 뿐이예요…….무의미하다고 생각한건…… 아버지를 보고 있으려니까, 나도 장차 저렇게 되는 거구나 하고 생각하니까 왠지 따분해져서……"

"료오야, 그게 정말이냐? 그 밖에 더 다른 뭔가 원인이 있었던 게 아니냐?"

"정말이야, 아무 것도 없단 말예요. 아버지 처럼 그저 진국으로만 일을 해나가지 않으면 안되는 건가 하고 생각했을 뿐이란 말예요……"

"료오가 죽으면 아버지나 어머니가 얼마나 슬퍼하는지 그런 건 생각도 하지 않았었니?"

"아……"

가요 여사는 료오이찌군의 말에 망연실색하고 말았다. 하지만 언제까지나 그렇게만 있을 수는 없었다. 눈물을 닦고, 정신을 차리고 말을 하였다.

자살자의 사후세계는 아름다운 곳이 아니었다

"료오야, 지금 네가 있는 곳이 좋은 곳이냐?"

"몰라요, 깜깜한걸. 헌데 너무너무 무서워요. 알 수 없는 이상한 것이 내 옆에 우글거리고, 나를 노리고 있는 것만 같아……"

"료오야, 어머니 한테 뭐 바라는 거 없니? 말해 봐라. 뭐든지 할 수 있는건 다 해줄게."

"됐어요. 아무 것도 안해줘도……헌데 나 괴로워 돌아가고 싶어……"

"뭐! 어데로?"

"어머니 한테……헌데 안되지……그지…나 자살같은 거하는게 아니었는데. 죽은 뒤 세계란 너무 외롭고, 괴롭고, 무서워요…"

"료오야! 료오이찌!"

가요 여사는 큰 소리로 외쳤다. 허지만 다시는 료오이찌군의 목소리는 들리지 않고 말았다.

"이젠 안됩니다. 료오이찌군의 영은 사후의 세계로 돌아가고 말았습니다."

조수가 천천히 일어나는 것을 보고 영능력자는 가요 여사에게 그렇게 알려 주었다.

"가르쳐 주십시오. 료오이찌는 어떤 곳에 있는 걸까요? 영원히 저승으로 못가는 걸까요?"

가요 여사는 영능력자에게 매달릴 듯한 기분으로 물었다.

"그렇지요, 도와주지 않으면 저승으로 갈 수 없지요. 료오이찌군의 영은 자살같은 부자연스러운 죽음을 한 영(靈)만이 가게 되는, 끝없는 깊은 골짜기 같은 곳으로 떨어지게 됩니다. 떨어지는 걸 멈추게 해주지 않으면, 언제까지나 계속 떨어지겠지요. 그건 끔찍한 상태입니다."

영능력자는 지금 료오이찌군이 놓여진 입장에 대하여 설명했다.

오로지 아들이 성불하기를 바라는 부모

"그랬군. 내가 원인이었군……"

가요 여사에게서 이야기를 들은 남편은 크게 충격을 받고, 불쑥 이렇게 한마디 하곤 말았다.

"여보 이상한 마음 잡숫지 말아요."

가요 여사가 걱정할 만큼 남편의 모습은 몹시 침울해 보였다. 그와 같은 상태가 열흘 가까이나 계속되었다.

"스님에게 부탁하고 왔소. 료오이찌의 상청을 제대로 차려 줍시다."

귀가한 남편이 가요 여사에게 그렇게 말했다.

"정말이예요, 고맙습니다, 여보……"

가요 여사는 기쁨의 눈물을 흘렸다.

료오이찌의 상청을 집에 차린 뒤로는 가요 여사는 꿈을 꾸지 않게 되었다.

야마다씨 부부는 날마다 료오이찌군의 영이 영계로 가기를 기원하며 합장을 하고 있다.

가요 여사의 귓속에는 료오이찌군의 '자살같은 건 하는게 아니었어, 사후의 세계는 괴롭고 무서워요!'하고 외치는 소리가 쟁쟁하게 울려퍼지고 떠날줄을 모른다고 한다.

죽지 않는 기술은 사는 기술이다

죽음을 소홀히 생각한다

죽음의 말이 나오면 어떻게 해서도 죽음을 눈앞에 둔 말기적 인간, 혹은 명목의 보증이 없는 말기 환자가 대상이 되어 버리는 경향이 있다. 그러나 죽음이라는 것은 초기도 말기도 없는 것이다.

건강한 소년의 몸에 돌연 찾아드는 것도 있고, 쓰러진 채로 20년이 되었어도 죽음이 찾아오지 않는 노인도 있다.

죽음은 누구든지 1초 전에 떠맡고 있는 세계이며, 인간으로서는 알지 못하는 일이다. 그것만으로 우리들은 매일 후회하지 않는 생활을 이어가지 않으면 안되는 것이다.

그러나 참회하지 않는 생활에 있어서도, 그것은 수행승이 받는 것 같은 금욕 생활로서도 아니며, 쾌락에 몸을 맡겨 향락적인 생활을 보낸다고 하는 의미는 아니다.

인간의 기본인 '기쁨의 표현체'로서 최고의 기쁨을 인생에서 맛보아 가는 것이야 말로 후회하지 않는 인생이라 말할 수 있는 것이다.

언제 찾아와도 불가사의가 아닌 죽음. 그런 죽음의 공포로부터 해방되고, 최고의 마음으로써 죽음을 맞이하여 들이기 위해서 언제라도 사후로의 몸가짐을 마음에 두고 있는 것이 중요하다.

이것이야 말로 나는 이상적인 죽음을 받아들이는 방법이라고 자부하고 있다.

죽음의 불안이 있으면 인간은 사는 방법이 좁아져 버리는 것이다. 사리에 어두운 무언가에 당부한 것 같은 어두운 성격이 되기도 하고, 의미가 이해되지 않는 것에 매달려 보기도 하고, 그것이야 말로 하찮은 것을 구제함을 찾는 것이기도 하고, 인간 본래의 밝은 생활방식이 될 수 없게 되어 버리는 것이다.

어떻게 죽지 않는가 하는 문제는, 어떻게 살아가는가 하는 문제와 같다.

나는 사후와 현세가 같은 땅에 연속되어 있다고 설명했지만 그것은 생·사의 문제는 동일한 관점에서 서술하고 있다.

지금까지의 인류는 사후에 구제함을 찾아서 현재 단지 지금의 생을 소홀하게 취급해 온 경향이 있는 것같이 생각한다.

그곳에는 자질구레한 사정이 복잡하게 관련되어 있지만 반드시 생활하는 문제를 순순히 붙잡고 싶다고 생각한다.

현재를 하찮게 처리하면 사후도 또 소홀하게 된다. 이와같이 순수하게 바로 포착하는 마음이 살아있는 여유가 있어야 만이 현재의 생활에 기쁨이 다가오는 것이다.

스웨덴보그에 의하면 사후의 감각은 어떠한 사람이라도 느낄 수 있다고 한다.

예를들어 '아무도 없는 등 뒤에 사람의 기미를 느낀다'라든가 '사람에게 보여지고 있는 것 같은 기분에 시달린다'라고 하는 체험을 누구든지 하고 있다고 생각한다.

그것도 뒤쪽을 돌아보면 아무것도 없었던 허약한 체험이다. 그것이 사후세계의 입구에 접하고 있는 것의 증거라고 한다.

농담이 아니라 '돌아보았다면 그것이 사후세계였다'라는 따위가 있을지도 모른다.

그런 얇은 문짝 한 장으로 생과 사가 존재한다고 우리들은 한번 더 현재를 의미있게 살아야 할 것이다.

죽지 않는 기술은 사는 기술이다

우리들은 지금까지 사후의 의미를 깊이 생각하지 않고 단지 살아있는 기술만을 배워 온 기분이다.

그러나 산다는 것은 죽지 않는 것과 같은 차원이라고 한다면, 죽지 않는 기술을 다시 한 번 배워 보는 것도 필요한 것이다.

지금 이렇게 해서 원기가 살아있는 것으로 죽지 않는 기술을 배우는 것이 터무니 없지도 않다고 말할 수 있을지 모르지만, 현대사회가 죽음을 병원 안에서 격리하고, 우리들에게 죽음에 관해서 아무것도 가르쳐 주는 것이 없었던 것으로 지옥보다도 무서운 사건, 사고가 다발하고 있는 현재를 생각하면 사후로부터 현재를 볼 필요성이 당연히 생김을 안다.

사는 기술이 있는 것같이 죽지 않는 기술, 소위 사후로의 몸치장의 방법도 있다고 말한다.

어떻게 평안한 마음 가운데서 죽음의 한계를 장식할 수 있는가, 그것이 중요한 문제인 것이다.

가령 전장의 순위표에서 3～12에 해당하는 사람은 조금이라도 현실의 생활 중에서 '기쁨'을 맛보는 방법을 끌어들이고 있지 않은 사람이고, 죽지 않는 기술 이상으로 살아있는 기술조차도 아래 사람과 말하지 않고서는 되지 않을 것이다.

이러한 사람들은 사후로의 몸치장을 일상생활 가운데서 정확하게 행하려고만 할 것이다. 그러기 때문에 '기쁨에 만족이 넘치는 생활'을 살아 곧 자연 그대로에 충실한 인생을 맛볼 수 있는 것이다.

그것은 구체적으로 어떠한 생활을 일상 속에서 행하면 좋은가, 혹은 어떻게 하면 죽음을 극복할 수 있는 기쁨을 샘솟게 할 수 있는가, 내가 행하고 있는 실천 예를 여기에 소개해 보고 싶다.

한가지 충고

자신의 성격을 변화시키는 것은 상당히 어려운 문제이다. 정말로 변화시킨다면 그것이야 말로 천지가 뒤바뀌는 가혹한 수업을 받아야 하는데, 이번은 누구에게라도 생기는 관점에 있어서 내가 주로 이용하고 있는 방법을 2,3가지 소개해 보고자 한다.

안녕 하십니까?

· 기쁨을 체득하는 3주간의 수업과정

먼저 알려 주고 싶은 것은 우리들 인간은 언제라도 푹 패인 어두운 성격을 가지고 있는 것이다. 다만 그것은 무슨 해결책으로 되지 않는다는 것을 알려 두고 싶다.

동시에 우리들 인간은 '기쁨의 표현체'로서 동물계에서 유일의 중요한 능력을 가지고 있는 것도 알려 주고 싶다.

여기에서는 그 '기쁨의 표현체'로서의 인식을 가지는 것과 그 실천을 통해서 자기 자신을 개혁하는 것이 목적이다.

· 마인드콘트롤 1(1주간)……큰 소리를 내는 수업

1일 생활, 일 가운데서 울적한 스트레스를 해소하기 위해서 먼저 큰 소리를 지르는 연습을 통해서 자기 개혁을 촉구하여 간다.

처음에는 아침인사부터 실행한다.

'안녕하세요'의 인사를 자신을 건강하게 하는 기분으로 배의 밑바닥에서 말해 보라.

부끄러운 것이 아니고 당당하게 말하게 될 때까지 반복하는 것이 기점이다. 이것은 회사에서도 마찬가지로 실행한다. 확고한 어조로서 확실하고 그것도 큰 소리로 인사를 해 보라.

하루의 출발이 기분적으로, 가사도 일도 생각하는 것이 의외로 잘 이루어 질 것이다.

또 하루의 피로나 스트레스가 생긴다고 느껴지면 빈터나 하천에 나가 큰 소리를 질러 보라.

배 아래로부터 큰 소리를 내는 것은 정신적으로 견고한 자신을 갖고, 애로를 물리치고 그 자세로서 기쁨을 배의 밑바닥에서 끌어내는 작용을 갖고 있다.

또 언잖은 기분에 빠진다면 곧 방 밖으로 나가 보라. 혹은 방의 창을 활짝 열어두고 체념의 심호흡을 해보라. 어쨌든 외기에 자신을 흠뻑 적시어 머릿속에 있는 잔념을 물리치는 것이 필요하다.

이 1주간은 미움이 있다면 방안에서 생각하면 안된다. 그와 같은 때에는 곧바로 외출하는 습관을 가져라. 그래도 역시 기분이 좋지 않을 때에는 큰 소리를 내보는 것이다.

어느 정도의 마음의 통제는 자신의 힘으로서 할 수 있는 것이다.

· 마인드콘트롤 2(2주간)……심신 일체의 수업

자신의 구질구질한 마음을 어느 정도 자력으로 극복할 수 있도록 하면 다음으로 행동력을 표현해 보라.

제1주에서는 마음을 평정시키는 수업을 했는데, 여기서는 마음을 자연스런 상태로 받아들여 자연그대로 표현하는 방법을 행하라.

우선 자기로서 기쁠 수 있는 것, 타인이 기쁘도록 하는 것을 마음에 두고, 그것을 즉시 행동으로 옮겨라. 자기에게 생각하는 여유를 주지 않는 것이 기본이다.

그것이 어떠한 귀찮은 데가 있는 것이라도 어쨌든 곧 몸을 마음대로 움직여 본다. 절대로 생각하는 시간을 자신에게 주어서는 안된다.

생각함이 들어오면 귀찮은 것, 어떻게 하면 즐겁게 행동할 수 있는가, 혹은 움직이지 않아서 완료하는가 하는 마음이 들어오는 것만이 그 행동에 기쁨이 샘솟지 않게 되기 때문이다.

가령 지하철 안에서 노인을 발견했다면 자진해서 말을 건네어 자리에 모신다든가, 어쨌든 마음속에 기쁠 수 있는 일이 떠오른다면 즉시 행동을 보여 이것을 습관적으로 하는 것이다.

간단한 훈련으로서는 집안에서 '노상강도 게임'을 자진해서 해보는 것이다.

머릿속에서 상상했던 물건을 가지고 온다고 하는 단순한 게임인데, 정작 행동하게 되면 무의미한 행동으로 바보같아 보여서 움직이지 않게 되어 버리지만.

하여튼 머릿속에는 이유투성이로서 움직임을 단절하는 경향이 있다. 이것을 시정하는 데는 아무것도 생각하지 않는 것이 중요하고, 그 훈련에는 이 방법이 유용하다.

예를들어 현관 옆의 화병이 마음에 떠오른다면 무엇이 어찌되었든 일어서서 가져라. 한 번의 게임으로 50점 정도 모으고, 모두가 한데 모이게 되면 즉 처음 위치에 돌아서서 올 것.

이것을 하루에 몇 번인가 반복해서 하면 어떠한 것이라도 망설이지 않고 행동할 수 있도록 된다.

· 마인드콘트롤 3(3주간)……기쁜 명상의 수업

2주째에 활동하고 있는 수업을 마스터 했다면 이번은 마음의 조작을 배우도록 해라. 본래는 무의식 속에서 기쁨을 표출시키면 좋은데 여기서는 의식을 조절해서 기쁨을 끌어내는 수업을 행하라.

우선 등도 늘어져 붙은 의자를 주의하고 조금 깊게 앉아보라. 발을 모으고 자세를 바르게 해서 배근을 곧바르게 한다.

다음으로 양손을 양 무릎 위에 위를 표면으로 해서 가볍게 얹는다.

이 자세로서 크게 심호흡을 하라. 한 번, 두 번, 세 번을 계속하면서 그대로 배도 늘려서 몸을 맡기도록 기대어라. 이것을 5회정도 반복하고 몸과 마음을 부드럽게 풀었을 경우 눈을 가볍게 감는다.

호흡은 보통으로 하고 머릿속을 텅비게 해보자. 마음이 가라앉을 때 마음이 좋은 기분을 느낄 수 있도록 해서 자신의 제일 좋은 사람을 떠올리라.

얼굴의 윤곽이 확실하게 알 수 있도록 했을 무렵 의식을 집중해서 그 좋은 사람의 웃는 얼굴을 떠올려 보라.

어떠한가. 자신의 얼굴도 웃기 시작하고 있을 것이다.

그러한 상태가 되었다면 이번에는 더욱 큰 웃음을 좋아하는 사람을 떠올려보라. 그렇게 하면 자신도 웃음이 커지고 있을 것이다.

생각하지 않던 웃음소리가 나는 정도가 되었을 때 차분한 웃음이 가져다 주는 다이나믹한 힘을 맛볼 것이다.

처음에는 곧바로 기쁨의 감각까지 도달하지 않지만 매일 반복하는 가운데 점점 도달할 것이다.

지금까지 할 수 있도록 하려면 어느 정도의 기쁨의 조정은 자신의 힘으로 할 수 있을 것이다. 다만 지속시켜서 자연히 기뻠이 넘칠 것같은 기술을 스스로 익히는 본격적인 수업이 필요하다.

· 하루의 마무리를 기쁨으로 연출

사후로의 몸치장에 필요한 것으로, 다음으로 들 수 있는 것은 하루의 마무리를 어떻게 연출할 수 있는가다.

연출 따위를 하는 것은 무엇인가 자신에게 잘못을 계속하므로서 미워한 사람이 있을지 모르지만 나에게 말하게 하려면 그렇게 생각해 버리는 사람 등 인생에 빛을 더하는 의미에 있어서도 권장하고 싶은 연기의 하나이다.

어쨌든 처음은 잘못이라도 무엇이든지 좋다. 그것으로 족한 것이다.

가령 최근 유행하는 코메디라 해도 좋다. 저것은 만들어 낸 웃음이면서 훌륭하고 즐겁게 웃는 것이다. 이 쾌활한 정신을 우선 자신에 불어넣는 것이 필요한 것이다.

이유는 어떠해도 좋다. 물론 이유 따위는 있지 않다. 우선은 '기쁨의 종(種)'을 자신 안에 불어넣을 의도로서, 하루의 매듭지음을 연출해 보라.

방법으로는 마인드콘트롤의 제3주간으로 수업한 명상법이 기본이 되어 있으므로 그 응용편으로서 배우게 될 것이다.

· 최고로 즐거운 것을 생각하는 훈련

먼저 하루가 끝나고 침상에 들어간다면 가볍게 눈을 감고 무엇인가 과거에 있었던 다소 즐거운 일을 생각해 내라. 이제까지의 인생에의 최고로 울렁울렁하여 즐거운 생각을 하는 것은 하나의 좋은 발상이다. 그것을 생각하는 가운데서 크게 부풀려 보라.

이것을 행하는 경우의 조건으로서 그날이 무척 어렵고, 싫은 날이었다고 해도 일체 그것을 잊어버릴 것.

자질구레하게 생각하는 고통의 체질인 사람에게는 사소하고 어려울지 모르지만 이것을 주는 것에 따라서 명백하다는 남이 즐겁게 되는 것을 믿어서 어쨌든 기분을 기쁨으로서 부풀게 해 보라.

· 얼굴에 웃음을 지어라

다망한 일상생활 속에서 잊어버리고 있는 '살아있는 기쁨'의 실감을 생각해 보는 것이다. 지금 여기에 살게되고, 살아있는 사실은 상당히 중요하다. 이 사실에 대해서 솔직히 기뻐할 수 있는 자신을 가지기 위해서 즐거운 생각을 하는데 사용하고 있는 것이다.

자아 어떻게 할 것인가 기쁨이 솟아나올 것인가. 그 기쁨을 더욱 넓게 확대시키기 위해서 이번은 자신이 기쁜 얼굴을 부감적으로 떠올려서 반드시 배 아래에서 웃게 해 보라.

자신의 웃는 얼굴을 떠올려 더욱 큰 의안(疑顔)을 지속해 가면 상당히 배 깊숙이에서 기쁨이 샘솟아 오는 것을 느낄 것이다.

만약 어떻게 해서도 기쁠 수 없는 사람은 제3주간에서 배운 좋은 사람의 웃는 얼굴을 대용해 보라. 어쨌든 얼굴이 풀리게 할 정도 기쁨의 생각을 배 아래에서 끌어내어 보라.

· 직접자격법(直接刺激法)

지금까지의 방법은 이미지를 이용해서 마인드콘트롤이었지만 그렇게라도 기쁨을 끌어내지 못하는 사람은 사진에 의한 직접자격법을 이용해 보는 것이다.

예를들어 외국영화 등을 보면 자주 방안에서 가족의 사진이 벽이나 기둥 위에 장식되어 있기도 하는데 이것은 애정을 나타내는 증거인 동시에 사진에 의한 직접자격을 자신에게 부여하여 기쁨을 끌어내고 있는 것이다. 이 후자의 방법을 이용해 보라.

먼저 호흡을 조절하기 위해 심호흡을 3회정도 시행한다. 마음의 긴장을 푼후 가족의 바라보라.

사진의 정보는 현실적으로 생생하므로 여러 가지 일을 끌어낼 것이지만 여기에서는 그러한 생각의 표출에 잠기는 것이 아니고, 자신에게 질문하는 재료로 사용해 보라.

가족의 사진을 보면서 '생명' '살아있음'이라 한 말을 머리에 묘사하고, 그곳에 존재하고 있는 가족의 고동을 느낄 수 있는 정도로 차분히 비춰 본다.

다음으로 살아서 있는 것의 실감이 나게 되면 됐다는 것이다. 그후 그 느낌을 크게 증폭해 보라. 질감이 높은 만큼 기쁨을 느끼도록 될 것이다.

· 습관만들기

자신을 기쁘게 하는 것을 잠자기 전에 매일 되풀이 해본다. 이것이 하나의 습관이 되면 어느 정도는 자신으로 '기쁨'을 통제할 수가 없는 것같이 될 것이다.

· 1일의 마무리는 수면, 일생의 마무리는 죽음

하루의 끝남이 수면으로 마무리 짓는 것과 같이 우리들의 일생은 죽음으로서 매듭지음이 된다. 즉 어떻게 고비를 넘기는가로 다음날 혹은 사후라는 것이 결정된다.

즐거운 마음으로 그 날을 마무리 하면 다음날은 마음도 경쾌하며 즐거운 하루의 출발이 되는 것이다. 동일하게 기쁨 가운데 일생의 막을 내린다면 사후도 또한 기쁨 중에 있을 것이다. 이와같이 생각하면 사후라는 존재가 그 정도 형편이 좋은 것은 아닐 것이라고 이해될 것이다.

노이로제에 빠져 악몽을 보는 것 같은 하루를 마무리 하여 다음날이 눈부시는 날이 되는 의미는 아니다. 혹은 술을 지나치게 마시고 자면 다음날은 머리가 아프게 될 것이다.

이와같이 죽음의 한계가 보기 싫게 되면 사후에 있어서 좋을 것 같지 않다.

완전히 당연한 것이 당연하도록 답하는 것이 '대자연의 법칙'이다. 그것을 무시하고 죽을 때까지 손을 모아서 절을 함으로써는 아무 효과가 없다. 그것보다도 하루 생활 중에서 기쁨을 다수 체험하고, 그 기쁨을 자신의 것으로 해버리는 것이다.

확실히 《나는 영계를 보고 왔다》의 스웨덴보그나 죽음 체험자 등이 말하고 있는 것같이 사후의 세계는 존재할지도 모른다. 그러나 그것이 존재하지만 중요한 것은 우리들이 매일의 생활을 기쁨 가운데 저물어 가고 있는 것이다.

하루의 마무리를 최고의 기쁨으로 둘러싸고 마무리해 가는 마음, 이 마음이야 말로 절대로 필요한 것이다. 〈3권에서 계속〉

"한번 해병은 영원한 해병"
지옥전선 - 월남전쟁터에서 부른
청룡 용사들의 마지막 노래
실록 청룡부대
李光熙/編著
실종되어 버린 월남전쟁에서 참담하게 허물어져간 젊은 육체와 영혼들의 이야기!
제1부 전선수기
제2부 전선의 시
제3부 전쟁속의 이웃사이더
바로 이것은 우리들의 이야기이다
삶과 죽음의 수레바퀴속에서 용사들이
쓴 전선의 시와 전선수기 130편 수록!
월남전 전투사진 화보수록
현역, 예비역 단체주문 환영
전국 유명서점 공급중
464쪽/
만남의 광장
생사를 함께 했던 어제의 전우들 서로 소식을 나눕시다

이것이 바로 정치군인들에 의해 무참하게 판매 금지 당했던 문제의 그 소설이다!

한 시대의 증언자
정을병 문학의 대표작

한국판 수용소군도, 그 기막힌 이야기들

개새끼들

우리는 그들을 어떻게 심판할 것인가?

㊤ ㊦

이 작품 〈개새끼들〉은 '개새끼'로서 취급을 받아도 좋을 사람들을 욕하기 위해서 쓰여진 작품이다. 우리 사회에는 언제부터인가 '개새끼' 같은 더러운 짓만을 골라 하는 속물 적 인간들이 너무나 많다. 그들에게는 어떤 체 면이나 국가의식 같은 것은 전혀 찾아볼 수 없으며, 다만 철저하게 무장된 몰염치한 근성만을 발견할 수 있을 따름이다.

이 땅에도 소련과 같은 수용소군도가 있었던 사실을 당신은 아십니까? 그것이 바로 악명높았던 국토건설단과 삼청교육대, 반체제 인사들을 강제 연행, 차마 인간으로서는 상상조차 할 수 없는 고통과 공포의 도가니로 몰아넣었던 인간도살장이다!

총검으로 자신의 부패를 가리며 민중에 대한 대량학살과 반체제 인사들에 대한 대규모 투옥, 안정속의 개혁이라는 간판 밑에 공포속의 침묵만을 강요했던 전두환 정권—그 암울했던 극한 상황속에서 그들의 하수인들에 의해 자유가 어떻게 유린되는가를 5인의 솔제니친 중 한명이었던 저항작가 정을병에 의해 비로소 파헤쳐진 한국판 수용소군도 그 실체!

전국을 누비며 여자화투기술자로서 명성을 떨친 서미리엄!
누가 이 여자에게 돌을 던질 것인가? 도박의 시초는 묻지 말자.
누구의 유혹에 빠졌든 육욕에 눈이 멀었건 그 이유는 캐묻지 말자.
어느 미모의 여자도박사 25시!
충격! 베스트 셀러 1위
머물고 싶었던 날들
서미리엄/장편현장소설
신국판/정가 8.500원
전국 유명서점 판매중
육체의 노예가 될 수 밖에 없었던 한 여자의
원색적인 사랑, 그녀는 그렇게 살아가고 있었다.

저자약력

충남 홍성에서 출생. 법호는 靈山, 滋鏡이며 본명은 지세웅이다. 21세가 되던 해에 불교에 귀의하여 인도, 태국, 대만, 티벳트, 일본 등지에서 불교 수행하였다. 일반불교학, 철학, 도학, 주법, 심리학 등 연구 수학. 종교의 실천과 조사를 계속하였다, 동시에 국내 및 아시아의 다종교 세계를 더듬어 종교의 근원을 집중탐구하였다. 금강법계원 법주, 캐나다 토론토 법계원 법주.
저서: 「인간의 질서」 「눈빛 한소리」

개정판 | 2021년 5월 15일

발행처 | 서음미디어
등록 | 제7-0851호
서울시 동대문구 난계로 28길 69-4

지은이 | 지자경
기획 · 편집 | 이광희
발행인 | 이관희
교 정 | 이정례

표지일러스트 | Juya기획
본문편집 | 은종기획

Tel | 02) 2253 - 5292
Fax | 02) 2253 - 5295

값 20,000원